数字技术赋能
基本公共服务均等化研究

朱锐勋 著

国家行政学院出版社
NATIONAL ACADEMY OF GOVERNANCE PRESS

图书在版编目（CIP）数据

数字技术赋能基本公共服务均等化研究 / 朱锐勋著 .
北京 : 国家行政学院出版社 , 2025. 3. -- ISBN 978-7-
5150-2972-6

Ⅰ. D669.3-39

中国国家版本馆 CIP 数据核字第2024ME8855号

书　　　名　数字技术赋能基本公共服务均等化研究
　　　　　　SHUZI JISHU FUNENG JIBEN GONGGONG FUWU JUNDENGHUA YANJIU
作　　　者　朱锐勋　著
责任编辑　马　跃
责任校对　许海利
责任印刷　吴　霞
出版发行　国家行政学院出版社
　　　　　　（北京市海淀区长春桥路 6 号　　100089 ）
综 合 办　（010）68928887
发 行 部　（010）68928866
经　　销　新华书店
印　　刷　天津画中画印刷有限公司
版　　次　2025 年 3 月北京第 1 版
印　　次　2025 年 3 月北京第 1 次印刷
开　　本　170 毫米 ×240 毫米　16 开
印　　张　10.5
字　　数　154 千字
定　　价　68.00 元

本书如有印装问题，可联系调换，联系电话：（010）68929022

目录

CONTENTS

4 第四章
数字化变革背景下基本公共服务均等化发展环境

5 第五章
迈向现代化的基本公共服务数字化体系框架和衔接关键

6 第六章
数字技术赋能基本公共服务均等化发展策略

7 第七章
社会生活和美——数智化公共服务应用场景勾勒

导　言

基本公共服务不均等是人民日益增长的美好生活需要和不平衡不充分的发展之间的矛盾的原因之一，推动基本公共服务均等化向纵深发展是当前政府的重要使命和责任。习近平总书记指出，到2035年，全体人民共同富裕取得更为明显的实质性进展，基本公共服务实现均等化。[①]

一

我国服务型政府建设和行政管理体制改革与信息化、数字化发展密不可分，从办公自动化、政府上网、电子政务、"互联网＋政务服务"到数字政府，无时无刻不在充分运用互联网技术和信息化手段，各级政府履行职能、治理实践的信息化、网络化和数字化应用与创新实践也无处不在。数字技术赋能服务型政府建设，增强政府改革与发展的内生动力，推进政府的数字化转型，为实现经济调节敏捷有序、市场监管精确有效、社会管理务实可靠、公共服务均衡可及和环境保护精准可控提供新思路、新机制、新途径。

在经济社会转型发展和公共治理数字化变革背景下，数字技术赋能基本公共服务均等化、普惠化首先要回答好深化公共服务改革数字创新应用什么、如何实现的问题，以及如何提升基本公共服务供给与需求、输出与获取、责任与绩效等关键要素的契合度。尤其是经过"十二五""十三五"时期，对基本公共服务的基本内容、范围和具体事项的规范化、清单制科

---

① 习近平：《扎实推动共同富裕》，《求是》2021年第20期。

学准确界定之后，以网上办理、在线服务、移动服务等电子政务公共服务的创新应用，成为提升政府部门公共服务水平，扩大公共服务覆盖范围，提高公共服务效能的重要途径。加快电子公共服务建设、推进基本公共服务数字化将有力保障国家基本公共服务均等化发展目标的如期实现。数字技术赋能基本公共服务均等化不仅需要从供给主体、动因、内容、方式和绩效等方面，驱动公共服务运行机制、供给模式、获取方式进行优化，还包括数据和数字技术驱动的公共治理结构、功能、流程、制度、政策、模式、工具及方式方法等层面的改革创新。

二

在进一步全面深化改革，推进中国式现代化的战略指引下，聚焦提高人民生活品质，完善收入分配和就业制度，健全社会保障体系，增强基本公共服务均衡性和可及性，推动人的全面发展、全体人民共同富裕。这是当前和今后公共服务建设的根本任务，也是有效政府治理的必然要求。信息化发展、数字化转型和智慧化赋能是推动科学宏观调控和有效政府治理的关键动力和重要工具。

数字赋能、数字治理的理论逻辑源于以需求为导向、用户为中心的管理思想和价值追求，通过充分运用大数据、云计算、人工智能等新兴信息技术和互联网络平台，对组织架构重组优化、业务流程改革、服务方式拓展实现公共服务提质增效。公共服务数字化协同治理的价值目标在于应用数字技术有效防止科层分割、流程封闭、资源离散的弊端，实现数据融合、业务协同和资源整合。从深化政府公共服务职能改革的角度看，就是要朝着"协同一体化、服务便利化、治理精准化、发展集约化"的目标持续推进，通过智慧化服务界面设计优化、线上线下一体化运行推动公共服务模式的创新，基于业务流程强化政府部门职责协作提升移动服务、全网通办和"一站式"服务的效率与效果。

数字技术赋能基本公共服务均等化、普惠化非基本公共服务走向共同富裕、迈向高品质生活服务，助推实现国家治理体系和治理能力现代化目标，需要紧紧抓住全面深化改革的发展机遇，对推进基本公共服务均等化的结构体系、制度体系、标准体系、效能体系及其发展方向和方法路径等进行整体性优化与重塑。具体可以从优化数字化服务协同机制、统筹公共资源的市场配置、创新一体化服务供给场景、促进卓越性公共服务重塑、增强数字化服务素质能力、完善数字化服务评价指标等六个方面着力。

面向未来的高品质服务发展期许，公共服务一体化数智应用场景将是使现实社会和网络空间融为一体的协同治理、智慧治理新型场景，以实现公共服务高质量发展、高品质生活服务供给，最大限度地契合人民日益增长的美好生活愿景。推进社会主义现代化建设行稳致远，助力推进国家治理体系和治理能力现代化。

三

本书共分七章。

第一章是数字化转型背景下的基本公共服务均等化。通过对基本公共服务均等化概念界定及发展历程回顾，在对基本公共服务均等化研究领域和研究方向进行学术梳理的基础上，探讨数字化转型与政府公共服务职能改革的关系及影响。

第二章是数字技术赋能加快推进基本公共服务均等化必由之路。从基本公共服务数字化协同治理、基本公共服务数字化应用体系、技术体系和关键要旨方面研究数字技术赋能的可行性及主要任务。

第三章是数字技术赋能基本公共服务均等化实践之道。分别探讨了国家智慧教育平台、国家医保服务平台、住房公积金网、公共文化数字化平台等数字化公共服务平台在促进基本公共服务均等化中的实践经验和重要作用。

第四章是数字化变革背景下基本公共服务均等化发展环境。概要性总结我国"十三五"时期基本公共服务均等化完成情况，以及地方政府推进电子政务公共服务实践情况。进一步分析基本公共服务均等化数字化转型的现实困境和基本公共服务均等化数字化转型的变革要求。

第五章是迈向现代化的基本公共服务数字化体系框架和衔接关键。提出了一个在数字政府背景下的基本公共服务均等化系统框架，从基本公共教育、劳动就业、社会保险、医疗卫生、社会服务、住房保障、文化体育和残疾人基本公共服务等分领域论述基本公共服务均等化数字化转型要求。进一步探讨了基本公共服务财政均衡数字化调适问题。

第六章是数字技术赋能基本公共服务均等化发展策略。数字技术赋能基本公共服务均等化、普惠化非基本公共服务走向共同富裕、迈向高品质生活服务，助推实现国家治理体系和治理能力现代化目标，主要包括优化数字化服务协同机制、统筹公共资源的市场配置、创新一体化服务供给场景、促进卓越性公共服务重塑、增强数字化服务素质能力、完善数字化服务评价指标等。

第七章是社会生活和美——数智化公共服务应用场景勾勒。系统描绘了实现基本公共服务与非基本公共服务一体化、面向共同富裕的现代化公共服务场景、适应高质量生活服务需求的数字服务三个未来场景的重要特征、价值意蕴、服务要旨，勾勒出数智化引领公共服务与共同富裕现代化愿景。

最后，在结束语部分，聚焦进一步全面深化改革，推进中国式现代化发展的新战略、新方位，就深化数字赋能基本公共服务体系现代化研究作了初步探索。从以数智技术赋能良政善治，实现公共服务均衡性可及；普及全民数字素养技能，促进公共服务数字化转型；变革协同生产价值共创，扩大生活服务社会化参与；贯彻以人民为中心理念，创新数字服务场景化应用等四方面展望基本公共服务数字化转型助推治理现代化的未来走向和研究趋势。

第一章

数字化转型背景下的基本公共服务均等化

现代服务型政府强调把构建和完善以公众为中心的公共服务体系作为最重要的价值目标之一。以数字政府引领数字经济、数字社会和智慧民生领域为支撑的数字化改革浪潮，对行政管理改革、公共管理实践和公共服务供给形成新一轮的要素驱动力。数字技术赋能服务型政府建设，增强政府改革与发展的内生动力，为实现经济调节敏捷有序、市场监管精确有效、社会管理务实可靠、公共服务均衡可及和环境保护精准可控提供新思路、新机制、新途径。

一、基本公共服务均等化发展历程回溯

列宁曾说："在社会科学问题上有一种最可靠的方法，它是真正养成正确分析这个问题的本领而不致淹没在一大堆细节或大量争执意见之中所必需的，对于用科学眼光分析这个问题来说是最重要的，那就是不要忘记基本的历史联系，考察每个问题都要看某种现象在历史上怎样产生、在发展中经过了哪些主要阶段，并根据它的这种发展去考察这一事物现在是怎样的。"[①] 作为国家治理中的一项重要内容，基本公共服务均等化是我国公民基

---

① 中共中央马克思恩格斯列宁斯大林著作编译局：《列宁专题文集·论辩证唯物主义和历史唯物主义》，人民出版社2009年版，第283页。

本生存与发展权利保障在新时代的重要体现，在"中国之治"中占有独特的重要地位。因此，有必要深入了解基本公共服务均等化的发展历程，在总结其演进规律的基础上探索新时代数字技术赋能基本公共服务均等化的可能性、可行性，并以此推动共同富裕。

1.基本公共服务均等化产生及其界定

基本公共服务均等化是指："全体公民都能公平可及地获得大致均等的基本公共服务，其核心是促进机会均等，重点是保障人民群众得到基本公共服务的机会，而不是简单的平均化。"[1] 从公共管理学的理论视域看，作为现代政府基本职能之一，公共服务被定义为政府有义务实施的行为。基本公共服务是在公共服务的基础上发展而来的，是公共服务的核心和基础。[2] 在现代公共管理语境下，基本公共服务均等化的核心是机会均等，而不是简单的平均化和无差异化。基本公共服务均等化的提出，体现了新公共服务理论与中国实践相结合的中国特色、中国智慧。从行政管理改革实践上看，2002年，国务院总理朱镕基在《政府工作报告》中首次明确，"必须进一步解放思想，彻底摆脱传统计划经济的羁绊，切实把政府职能转到经济调节、市场监管、社会管理和公共服务上来"[3]，突出强调公共服务在我国政府职能中的重要作用。从社会民生关切的角度看，现代服务型政府的基本公共服务的出发点和归属是为保障人民群众幼有所育、学有所教、劳有所得、病有所医、老有所养、住有所居、弱有所扶、优军服务保障、文体服务社会性保障。增进人民福祉，促进人的全面发展，让人民有更多的获得感、幸福感和安全感。随着社会主义市场经济发展和行政管理体制改革深化，我国政府基本公共服务的供给能力和服务水平全面提升。

提供普惠性基本公共服务是各级政府的基本职能，实现基本公共服务

---

① 《国务院关于印发"十二五"推进基本公共服务均等化规划的通知》，《中华人民共和国国务院公报》2017年第7期。

② 莱昂·狄骥：《公法的变迁·法律与国家》，郑戈、冷静译，春风文艺出版社1999年版，第53页。

③ 朱镕基：《在第九届全国人民代表大会第五次会议上的政府工作报告》，中国政府网，http：//www.gov.cn/gongbao/content/2002/content_69957.htm。

均等化的出发点和归属在于解决城乡差距、地区差距和不同社会阶层人群之间的公共服务差距。基本公共服务均等化是一个动态发展的过程，数字化为基本公共服务的发展差异化和需求多样化的精准捕捉提供可能和便利，为促进其保障水平优质均衡、稳步提升提供现实路径。

研究数字化转型背景下的基本公共服务均等化问题，需要厘清数字政府与数字化基本公共服务的关系。建设数字政府的根本目的和任务是以数字化、信息化赋能政府更好地履行公共服务职能。数字政府和基本公共服务均等化都是政府主导建设，所服务的中心都是人民，让人民的生活更加幸福，都是以服务好人民为出发点，让人民过上更加方便快捷的生活。信息时代的治国理政实践要求构建"服务政府"、"回应政府"、"阳光政府"和"廉洁政府"。通过贯通现实社会与网络空间的政府管理服务平台，强化政府的公共服务职能、推进公共服务模式的多元化等举措来为社会公众提供优质高效的均等的公共服务。[1] 行政管理体制改革的目标在于统筹协同市场的资源配置和政府职能发挥。以基本公共服务均等化促进政府职能转变，基本公共服务均等化可以弥补市场经济在收入分配方面的市场失灵，避免贫富差距过大引起社会动荡。[2] 数字政府建设搭建了不少数据平台，为群众反馈意见提供了许多渠道（微信公众号、微博、网站意见栏、投诉意见邮箱等），这些平台和渠道在基本公共服务建设的过程中收集了更多的群众意见，在建设中更多地考虑群众的呼声，切实体现了政府正在转变为服务型政府。基本公共服务薄弱地区发出的声音，可以让政府根据群众的意见加大对该地区基本公共服务的支持力度。应时代发展的要求，应用大数据、区块链等技术打造具体的基本公共服务交流平台，促使基本公共服务的供给完备度和群众的获得感、幸福感更快提升。

2. 我国基本公共服务均等化发展历程

我国基本公共服务均等化是在1990年代推行分税制财政体制改革，探

---

① 孙姗姗：《乡村地区基本公共服务设施布局均等化研究——以常州市乡村教育、医疗设施为例》，博士学位论文，南京大学，2011年。

② 李军鹏：《新时期推进基本公共服务均等化的思路与对策》，《新视野》2019年第6期。

索和建立国务院与地方政府间转移支付制度过程中逐步形成的理念。

2005年10月，党的十六届五中全会强调通过实施公共服务均等化战略，完善财政转移支付体制，缩小区域差距。其肇始关注重点聚焦广大农村地区的基本公共服务体系财政倾斜与支持政策。2006年3月，第十届全国人民代表大会第四次会议通过的《中华人民共和国国民经济和社会发展第十一个五年规划纲要》提出要"逐步推进基本公共服务均等化"，基本公共服务均等化概念及其发展要求首次以政府规范性文件正式提出。[①]2006年10月，党的十六届六中全会审议通过《中共中央关于构建社会主义和谐社会若干重大问题的决定》，提出到2020年实现"基本公共服务体系更加完备，政府管理和服务水平有较大提高"的目标任务，明确将逐步实现基本公共服务均等化作为完善公共财政制度的目标。2007年10月，党的十七大提出要"围绕推进基本公共服务均等化和主体功能区建设，完善公共财政体系"。基本公共服务均等化自此作为国家战略性部署正式确立，成为我国推进地区性均衡发展，弥合区域性差距，调节收入分配不公，促进社会公平正义的重要政策性安排。

2012年7月，国务院印发《国家基本公共服务体系"十二五"规划》，提出"十二五"时期加快建立健全符合国情、可持续的基本公共服务体系，努力提升基本公共服务水平和均等化程度。将城乡基本公共服务均等化上升为整体性政策指导和制度性要求，明确建立健全基本公共服务体系，促进基本公共服务均等化是深入贯彻落实科学发展观的重大举措。[②]

2015年10月，党的十八届五中全会通过的《中共中央关于制定国民经济和社会发展第十三个五年规划的建议》指出"基本公共服务供给仍然不足，收入差距较大，人口老龄化加快，消除贫困任务艰巨"。将基本公共服务均等化稳步提高写入了"十三五"时期公共服务发展的主要目标，健全

---

① 《中华人民共和国国民经济和社会发展第十一个五年规划纲要》，中国政府网，http：//www.gov.cn/gongbao/content/2006/content_268766.htm。

② 《国务院关于印发国家基本公共服务体系"十二五"规划的通知》，中国政府网，http：//www.gov.cn/zwgk/2012-07-19/content_2187242.htm。

就业、教育、文化体育、社保、医疗、住房等公共服务体系。明确要围绕
标准化、均等化、法治化，加快健全国家基本公共服务制度，完善基本公
共服务体系，将"建立国家基本公共服务清单"作为推进公共服务改革的
具体任务。2017年1月，国务院印发《"十三五"推进基本公共服务均等化
规划》，指出基本公共服务均等化是指全体公民都能公平可及地获得大致均
等的基本公共服务，其核心是促进机会均等，重点是保障人民群众得到基
本公共服务的机会，而不是简单的平均化。2017年10月，党的十九大明确
提出到2035年基本实现基本公共服务均等化的发展目标。

2018年9月，中央全面深化改革委员会通过的《关于推动高质量发展
的意见》提出要构建基本公共服务均等化实现程度评价指标。2018年12月，
中共中央办公厅、国务院办公厅印发《关于建立健全基本公共服务标准体
系的指导意见》指出要从国家、行业、地方、基层服务机构4个层面构建基
本公共服务标准体系，以此明确基本公共服务的责任分工、质量要求、标
准规范，以标准化促进基本公共服务均等化、普惠化、便捷化，以均等化
促进民生保障、社会治理、公平正义和共建共享整体水平。从基本公共教
育、基本劳动就业创业、基本社会保险、基本医疗卫生、基本社会服务、
基本住房保障、基本公共文化体育、优抚安置和残疾人基本公共服务等九
个方面对国家基本公共服务质量提出了要求。[①] 在具体工作目标上，明确到
2025年基本公共服务标准化理念融入政府治理，标准化手段得到普及应用，
全面建立系统完善、层次分明、衔接配套、科学适用的基本公共服务标准
体系；到2035年，基本公共服务均等化基本实现，现代化水平不断提升。[②]
全国各地针对这一目标结合实际制定适合本地发展的具体目标。比如，广
东省提出了基本公共服务均等化"5+5"的框架体系，即5项基本服务（公
共教育、公共卫生、公共文化体育、公共交通、公共安全）和5项基本保障

---

① 《基本公共服务有了"国标"》，中国政府网，http://www.gov.cn/zhengce/2018-12/14/content_5348626.htm。

② 《中共中央办公厅 国务院办公厅印发〈关于建立健全基本公共服务标准体系的指导意见〉》，中国政府网，http://www.gov.cn/xinwen/2018-12/12/content_5348159.htm。

（生活保障、住房保障、就业保障、医疗保障、生态环境保障）的基本公共服务框架。[①] 2019年4月，在决战决胜脱贫攻坚的关键时期，习近平总书记指出，稳定实现农村贫困人口"两不愁三保障"[②] 是农村贫困人口脱贫的基本要求和核心指标。2021年2月，脱贫攻坚战取得全面胜利，"两不愁三保障"全面实现。

2020年10月，党的十九届五中全会通过的《中共中央关于制定国民经济和社会发展第十四个五年规划和二〇三五年远景目标的建议》明确基本公共服务实现均等化，即到2035年基本公共服务实现均等化，城乡区域发展差距和居民生活水平差距显著缩小。同时指出基本公共服务均等化是实现共同富裕的重要内容，要"健全基本公共服务体系，完善共建共治共享的社会治理制度，扎实推动共同富裕"。2021年12月，国务院印发的《"十四五"数字经济发展规划》明确提出要提高"互联网＋政务服务"效能，这既是政府治理手段和方式变革的迫切要求，也有助于推动基本公共服务均等化。2022年1月，国家发展改革委等部门联合印发《"十四五"公共服务规划》，提出坚持以人民为中心，不断健全完善公共服务制度体系，推动公共服务发展，适应建设社会主义现代化国家要求的基本公共服务体系更加完备、指标更加科学、目标更加精准。该《规划》围绕"七有两保障"[③] 设计了22项指标（其中约束性指标7项，预期性指标15项），对基本公共服务与非基本公共服务范围进行界定，对非基本公共服务、生活服务等新兴发展领域供给予以明确，切实增强人民群众获得感、幸福感、安全感，提升人民生活品质。

2022年10月，党的二十大进一步明确，到2035年，基本公共服务实现

---

① 《改善民生最长情的告白：持续深入推进基本公共服务均等化》，《中国财政》2019年第17期。

② 即不愁吃、不愁穿，义务教育、基本医疗、住房安全有保障。

③ 具体包括幼有所育、学有所教、劳有所得、病有所医、老有所养、住有所居、弱有所扶、优军服务保障和文体服务保障。2021年发布的《国家基本公共服务标准（2021年版）》涵盖了幼有所育、学有所教、劳有所得、病有所医、老有所养、住有所居、弱有所扶等"七有"，以及优军服务保障、文化服务保障"两个保障"共9个方面、22大类、80个服务项目。

均等化。提出着力解决好人民群众急难愁盼问题，健全基本公共服务体系，提高公共服务水平，增强均衡性和可及性，扎实推动共同富裕。党中央再次明确对基本公共服务均等化助力走向共同富裕，进而实现中国式现代化的整体布局和战略目标。2024年7月，党的二十届三中全会通过的《中共中央关于进一步全面深化改革、推进中国式现代化的决定》指出，"增强基本公共服务均衡性和可及性""完善基本公共服务制度体系"，从推进中国式现代化的战略高度对进一步深化基本公共服务体系制度机制改革提出明确任务和要求，为推动人的全面发展、全体人民共同富裕密织制度体系和政策保障。

二、基本公共服务均等化研究述评

1. 基本公共服务均等化发展阶段研究

我国有关公共服务均等化理论与实践经历了20多年的探索，理论界将基本公共服务均等化发展划分为若干阶段。董永宇等通过对文献的梳理，将基本公共服务均等化研究路径分为初步研究阶段（2006—2009年）和研究内容具体化阶段（2010年至今）。[①] 颜昌武、杨郑媛基于公共服务要素与主题变化研究，认为我国基本公共服务均等化的研究从初步探索期（2007—2011年）到围绕基本公共服务与新型城镇化时期（2012—2016年），最后拓展发展到聚焦基本公共文化服务上（2017年至今），提出基本公共服务均等化的支撑组成不仅需要经济、政策、管理的健康协同发力，还需要教育和文化做支撑。[②] 张启春、杨俊云基于我国政府机构2002—2020年的政策文本分析，将基本公共服务均等化政策发展分为纳入政策、政策试点、系

---

① 董永宇、李方品、柴诗瑶等：《国内基本公共服务均等化研究知识图谱》，《合作经济与科技》2021年第2期。

② 颜昌武、杨郑媛：《我国基本公共服务均等化研究的知识图谱——基于 Citespace 的可视化计量分析》，《中国延安干部学院学报》2020年第4期。

统规划与全面推进三个阶段，认为我国均等化政策肇始于2002年，以党的十六大突出强调公共服务作为政府基本职能之一为标志。[①]

2. 基本公共服务均等化内涵演化研究

张京祥等认为均等化是一个动态调整的过程，随着社会经济水平的发展，基本生存和发展所需条件也会发生变化，均等化的基准水平亦随之变化。[②] 基本公共服务均等化可以划分为经历"均匀阶段、均衡阶段和均质阶段"三个发展阶段，朝着"保量—保质—高水平"的路径演进发展。刘明德认为基本公共服务重视的不该是"均等"，而是"多样化"，可以细分为生存服务、发展服务、扶助服务三个层次。[③] 程岚、文雨辰认为基本公共服务均等化应该是不同地区的居民均能够享受相同的、基本的、大致均等的公共服务。[④] 梁波指出现阶段我国基本公共服务主要由基本生存类、公共安全类、公共环境类、公众发展类四大类公共服务组成，均等化的要旨在于把握机会和权利均等、结果有限平等、范围和水平的动态性。[⑤] 可以看出，随着理论的深入与实践的推进，学者从不同视角聚焦政策演变、运行机理、制度效应等对基本公共服务均等化进行分阶段研究，通过实践逻辑和现实依据的总结与解析探索基本公共服务均等化治理之道。

进入新时代新阶段，基本公共服务均等化被赋予了新的内涵。国内有关基本公共服务均等化研究呈现多元化、学科交叉化和体系化等特征，研究内容不断丰富和深化。李佳炜认为基本公共服务均等化主要观点在权力均等、机会均等和结果均等这三方面，并且从需求方面考虑，认为基本公

---

① 张启春、杨俊云：《基本公共服务均等化政策：演进历程和新发展阶段策略调整——基于公共价值理论的视角》，《华中师范大学学报》（人文社会科学版）2021年第3期。

② 张京祥、葛志兵、罗震东、孙姗姗：《城乡基本公共服务设施布局均等化研究——以常州市教育设施为例》，《城市规划》2012年第2期。

③ 刘明德：《基本公共服务均等化辨析》，《上海行政学院学报》2017年第4期。

④ 程岚、文雨辰：《不同城镇化视角下基本公共服务均等化的测度和影响因素研究》，《经济与管理评论》2018年第6期。

⑤ 梁波：《加快推进基本公共服务均等化的改革举措》，《理论探讨》2018年第4期。

共服务均等化要让有需求的公民获得差不多的基本公共服务。① 刘天佐、廖湘莲也从需求方面思考，认为基本公共服务均等化是指政府对财政资源进行有效配置来满足社会公共需求的分配活动和经济行为。② 李智裕、李影认为基本公共服务不应永远停留在公共教育、劳动力就业创业、社会保险、医疗卫生、公共文化五个维度的数量指标上，公众需求已不止于数量满足，服务质量、公众满意度和公众获得感也应纳入基本公共服务内涵。③ 颜昌武、杨郑媛鉴于基本公共服务均等化已成为一个多学科共同关注与交叉研究的领域，认为基本公共服务均等化的跨机构研究网络不够成熟，机构之间的合作有待进一步加强。④ 鉴于长期以来中央政府和地方政府基本公共服务均等化事权和财权不匹配的矛盾，⑤ 刘天佐、廖湘莲分析比较2007年前后的转移支付、财政收支、公共财政、公共服务等，通过对2013—2018年的基本公共服务区域性差异、城乡一体化、供给侧结构性改革、公众满意度、政府责任等现状分析，认为农民、城乡差距、农村公共服务供给、服务型政府、民生支出、居民消费、非均等化、新型城镇化等要素是未来研究的关注方向，并将我国基本公共服务均等化的研究领域分为七个聚类：基本公共服务政体制改革、民族地区基本公共服务财政保障、基本公共服务财政理论与政策、基本公共服务均等化、财政分权、政府间事权划分、政府责任与转移支付。⑥ 李克让认为基本公共服务均等化存在的现实困难及其表现

---

① 李佳炜：《基本公共服务均等化研究综述》，《西部学刊》2020年第23期。

② 刘天佐、廖湘莲：《我国基本公共服务均等化研究主题演进可视化分析》，《行政与法》2020年第11期。

③ 李智裕、李影：《中国基本公共服务均等化的空间差异——以十九个城市群为样本》，《地方财政研究》2020年第8期。

④ 颜昌武、杨郑媛：《我国基本公共服务均等化研究的知识图谱——基于Citespace的可视化计量分析》，《中国延安干部学院学报》2020年第4期。

⑤ 郭小聪、代凯：《国内近五年基本公共服务均等化研究：综述与评估》，《中国人民大学学报》2013年第1期。

⑥ 刘天佐、廖湘莲：《我国基本公共服务均等化研究主题演进可视化分析》，《行政与法》2020年第11期。

为均等化失衡、可及性有待提升、居民获得基本公共服务的成本不相同。[①]在疏解基本公共服务研究学理脉络时，姜晓萍、郭宁从"为何均等化、何为均等化、如何均等化"的演进纵深的视角，将基本公共服务均等化的现实依据、价值追求和目标界定；基本公共服务均等化的内涵、外延、范围和标准；基本公共服务均等化的实现机制、保障体系、资源配置、供给方式、管理运行与绩效评价等归总为13项核心问题。[②]从内涵与外延来看，基本公共服务均等化涵盖了机会均等、权利均等、结果均等、能力均等和功利均等不同的标准。但不论采用何种标准，基本公共服务均等化都应让全体公民最大限度公平可及地获得均等的基本公共服务，既保证公民享受大致相同的基本公共服务又体现地区的差异。[③]

3. 基本公共服务均等化影响因素研究

地方经济基础薄弱和财政保障不足导致基本公共服务发展滞后并逐步与其他地方拉开差距，推进基本公共服务均等化的基础有赖于公共财政的转移支付。王桢桢、郭正林认为公共服务的供给能力、生产能力和消费能力影响基本公共服务均等化。[④]刘德浩对2009年至2013年间我国区域间基本公共服务均等化发展水平进行了实证分析，提出地方自主性财政收入能力差异是影响基本公共服务水平的主要因素，地方财政支付意愿对基本公共服务发展水平具有最为重要的影响，中央政府对地方的财政转移支付，在一定程度上体现了基本公共服务均等化的导向。[⑤]熊兴等分析东部地区地方财政能力对基本公共服务的贡献最大，西部地区经济发展水平对基本公共

[①] 李克让：《社会治理中基本公共服务均等化与可及性研究》，《财会通讯》2022年第16期。

[②] 姜晓萍、郭宁：《我国基本公共服务均等化的政策目标与演化规律——基于党的十八大以来中央政策的文本分析》，《公共管理与政策评论》2020年第6期。

[③] 骆永民、樊丽明：《城乡基本公共服务均等化标准的选择问题研究——基于政策敏感度和福利效果的比较分析》，《中国工业经济》2011年第5期。

[④] 王桢桢、郭正林：《公共服务均等化的影响因素及标准化体系建构》，《学术研究》2009年第6期。

[⑤] 刘德浩：《区域基本公共服务均等化发展水平的实证研究》，《统计与决策》2017年第5期。

服务影响最大，人口密度对基本公共服务水平的影响由东向西呈阶梯下降趋势，地方人口密度、城镇人口规模以及城镇化水平也是影响基本公共服务质量的重要因素。[①] 李华、董艳玲从个人、城乡、区域三个层次来认识基本公共服务均等化差异性，指出我国基本公共服务均等化供给区域不均等化，并且目前均等化程度不高，应将基本公共服务均等化的工作重点放在实现区域均等化上。[②] 范逢春、谭淋丹认为省份内部的城乡基本公共服务均等化水平并不是唯一地关联于经济发展水平，对城乡基本公共服务均等化水平的考察，除经济因素影响外，还应考虑文化、环境、人口等因素的综合影响。[③] 李淑芳、熊傲然、刘欣的研究针对推进基本公共服务均等化、均衡化和一体化过程无法逾越的"信息困境"问题，提出"以信息技术的动态反馈能力更好地促进基本公共服务标准化建设、以信息技术精准的数据处理能力助推财政决策科学化、以信息技术强大的资源整合能力助推基本公共服务一体化发展"思路，试图为数字赋能公共服务改革提供一揽子的解决之道。[④] 在实现基本公共服务均等化的过程中，数字技术的发展为解决当前面临的实际问题提供了动力与保障。

4. 数字技术赋能基本公共服务均等化研究

运用信息技术和数字化手段促进行政体制改革和公共服务融合贯通研究受到越来越多学者的关注。随着政府信息公开、数据开放和电子政务应用的不断推行，增加了政务服务和政务活动的公开透明性，数字服务、电子政务公共服务成为公众关注的热点。缪小林、张蓉、于洋航提出建立反映人民群众获得感的基本公共服务大数据信息推动基本公共服务均等

---

① 熊兴、余兴厚、王宇昕：《我国区域基本公共服务均等化水平测度与影响因素》，《西南民族大学学报》（人文社科版）2018年第3期。

② 李华、董艳玲：《中国基本公共服务均等化测度及趋势演进——基于高质量发展维度的研究》，《中国软科学》2020年第10期。

③ 范逢春、谭淋丹：《城乡基本公共服务均等化制度绩效测量：基于分省面板数据的实证分析》，《上海行政学院学报》2018年第1期。

④ 李淑芳、熊傲然、刘欣：《推进基本公共服务均等化的三重困境与破解之道》，《财会月刊》2022年第8期。

化，认为要坚持以人民群众获得感和国家利益为价值导向，围绕绩效管理和数据信息化加强基本公共服务均等化制度建设。[①] 通过基本公共服务项目建设的流程进行公示，减少设租寻租现象，增加项目建设招标的市场化竞争，增加投资的效益和保障。彭雷霆、皮彦芳提出要充分发挥数字化手段对资源融汇、类聚和重组作用，进一步推进文化信息资源共享工程，搭建开放包容、和谐共享的基本公共文化服务均等化发展平台。[②] 黄敦平、燕惹弟、徐书航针对我国基本公共服务均等化水平整体不高，且存在较强的空间异质性问题，[③] 基于聚类分析将我国基本公共服务均等化水平分为较高地区、一般地区和较低地区，并提出加快构建服务型政府，将财政资金投向公共服务领域，将提供公共服务作为政府工作的中心职能。焦旭祥等指出要加强城市统一政府公共服务信息平台建设，实现基础信息资源集中采集，促进不同部门信息资源整合共享。[④] 利用信息技术提高公共服务机构管理效率，创新服务模式和服务业态。在实践应用上，如海南省财政厅全面推行财政资金支付动态监控等信息系统，建成了涵盖预算编制、执行、监督和绩效考评等执行全过程的政府财政管理一体化平台，有效助推了民生项目公共财政资金使用管理工作提质增效。[⑤]

从现有文献看，对数字化背景下基本公共服务均等化的相关研究较少，基于电子政务建设、数字政府发展的理论与实践，可以将影响数字政府建设水平的因素视为数字化背景下基本公共服务均等化的影响因素的一部分。推进基本公共服务的数字化、在线化是实现公共服务供给与获取便捷

---

① 缪小林、张蓉、于洋航：《基本公共服务均等化治理：从"缩小地区间财力差距"到"提升人民群众获得感"》，《中国行政管理》2020年第2期。

② 彭雷霆、皮彦芳：《江苏省基本公共文化服务均等化实证研究》，《图书馆杂志》2018年第9期。

③ 黄敦平、燕惹弟、徐书航：《我国基本公共服务均等化水平综合评价》，《华北水利水电大学学报》（社会科学版）2020年第2期。

④ 焦旭祥、何文炯、王叶青等：《浙江省基本公共服务均等化现状、问题与对策建议》，《浙江经济》2017年第1期。

⑤ 海南省财政厅：《建设基本公共服务均等化先行区》，《中国财政》2018年第8期。

化、普惠化和均等化的重要途径。马亮提出央地关系、条块关系、财政资源、跨部门关系、领导支持和参与、公务员能力、组织文化、信息基础设施、经济发展水平、互联网渗透率等影响数字政府建设水平。[①] 以互联网技术和信息化工具的广泛应用为切入点的电子公共服务、在线服务、数字服务，日益成为数字时代经济信息发展变革"常态"，信息化发展和数字化变革也正在重塑政府的治理业态、服务体系和运行模式。在推进基本公共服务均等化的过程中，信息化、网络化、数字化无疑是需要重点研究考量的环节。

总之，经过长期的探索与实践，我国关于基本公共服务均等化的理论与实践研究初步形成了具有中国特色的理论成果与发展经验，尤其是在基本公共服务均等化的统筹规划、政策设计、目标任务、实践进路、标准规范、绩效评价等方面，积累了丰富经验和成功案例，有力推动服务型政府建设，为中国式现代化提供安全稳固基石。

三、数字化转型与政府公共服务职能改革深化

1. 政府基本公共服务均等化的职责定位

党的十六大报告中首次明确公共服务作为现代政府的基本职能，在建设服务型政府过程中，建设覆盖全社会所有人的公共服务体系成为政府履行公共服务职能的重要目标和任务。党的十八大以来，党中央站在历史发展战略全局的高度，进一步深化党和国家机构改革，加强对行政管理体制改革和基本公共服务建设的统筹规划。先后制定出台《"十三五"推进基本公共服务均等化规划》《"十三五"国家基本公共服务清单》《关于建立健全基本公共服务标准体系的指导意见》《基本公共服务领域中央与地方共同财政事权和支出责任划分改革方案》等一系列关于基本公共服务均等化的重

---

① 马亮：《中国数字政府建设的理论框架、研究议题与未来展望》，《中共天津市委党校学报》2021年第2期。

大决策和公共政策，兜住底线保障不同群体依法公平享有大致均等的基本公共服务有了政策支撑。在新发展理念的引领下，推进基本公共服务均等化最本质的特征、最基本的要求就是将坚持以人民为中心发展理念贯穿公共治理实践全过程，强化问题意识，瞄准民生痛点。[①]

梳理"十三五"时期发展规划，涉及基本公共服务均等化的措施和政策包括：加快农业转移人口市民化、促进城乡公共资源配置、深入推进西部大开发、支持革命老区开发建设、推动民族地区健康发展、支持贫困地区加快发展、提高贫困地区公共服务水平、推进教育现代化、推进健康中国建设、增加公共服务供给、丰富文化产品和服务等。"十四五"时期，推进基本公共服务均等化的政策措施主要有：民生福祉达到新水平、推动区域协调发展、推动以人为核心的新型城镇化、改善人民生活水平，提高社会建设水平等。分析"十三五"时期国家基本公共服务清单，政府部门对应基本公共服务供给的职责分工，如图1-1所示。

图1-1显示了"十三五"时期基本公共服务建设的项目数和与之对应的责任部门清单，图中仅展示了负责单位，相应的基本公共服务项目还涉及很多承办部门。由此可见，基本公共服务涉及政府工作的方方面面，职责分工交叉复杂，这就要求各级政府强化"以人民为中心"需求导向和公共服务体系的顶层设计、统筹协调。因此，充分运用互联网技术和信息化平台，对公共服务供给、获取和反馈进行系统化的部署，统筹经济发展、社会稳定和民生服务的项目建设、价值效益和资源配置，尽可能创造更多的经济效益和社会效益，提高人民生活的幸福感和安全感。从财政资源和跨部门资源因素来看，从"十三五"国家基本公共服务清单关系概略图可以看出，每个基本公共服务项目都指向了财政部，服务项目之间涉及很多部门，而在数字化、智能化时代，信息化优化了部门间沟通、事项审批等流程，推动基本公共服务项目建设。"十四五"时期的公共服务建设，锚定到2035年实现基本公共服务均等化战略目标，着力增强基本公共服务均衡性、

---

① 樊继达：《以新发展理念引领城乡基本公共服务均等化》，《中国党政干部论坛》2019年第5期。

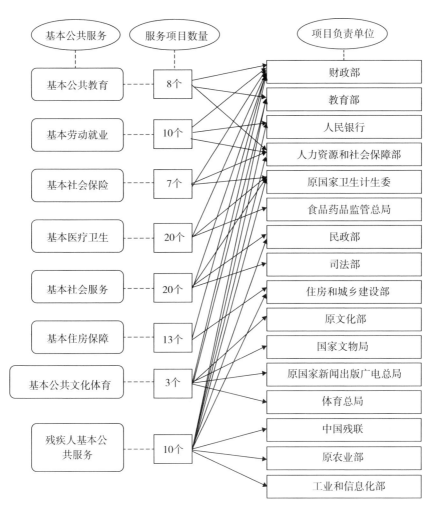

图1-1 国家基本公共服务清单与政府职责分工

可及性，系统谋划了基本公共服务、普惠性非基本公共服务、生活服务的
范围、要求和策略，全方位多层面回应和解决人民群众多样化、个性化、
高品质服务需求。切实增强人民群众获得感、幸福感、安全感，不断满足
人民群众日益增长的美好生活需要。"十四五"时期公共服务规划对促进公
共服务高质量发展的一个重点任务就是消减和弥合基本公共服务均等化的
数字鸿沟、信息资源供给和获取差异化发展的问题。在信息时代向数字时
代发展应用不断深化渗透的进程中，数字政府的建设必将推动基本公共服

务在均等化方面更好更快地发展。通过对数字政府、基本公共服务均等化的理论梳理与实践总结，建设数字政府、实现政府数字化转型必将更好地推动基本公共服务均等化。

2.基本公共服务均等化的行政政策机制

首先，国家财政政策在保障促进基本公共服务财政投入方面发挥基础性作用。[①] 党的十九大报告指出建立完善现代财政制度对国家治理体系和治理能力现代化的重要作用，强调科学的财政体制对优化资源配置、促进社会公平、实现国家长治久安至关重要。党的二十大报告指出加强财政政策和货币政策协调配合，着力扩大内需。实现基本公共服务均等化的实践证明，必须全面深化公共财政体制改革，统筹中央财政和地方财政在推进基本公共服务均等化过程中承担更多的财政责任。

有关政府公共服务职能及其基本公共服务的政策机制既是公共服务理论问题，更是在实践过程中不断发展创新的命题。面向基本公共服务均等化的财政体制改革要以财政层级、政府间事权划分、政府间收入划分和政府间转移支付制度等四项基本要素为着眼点。让不断改进公共财政制度体制和运行机制，成为促进基本公共服务均等化的主要推动力量。[②③] 鉴于公共财政体制改革涉及面广、牵扯利益复杂，侧重于可行性、可操作性的角度，审慎地采取分步走的方式推行改革，避免一步到位的激烈改革引起过大的震动。改革的中心内容是建立健全政府间纵向和横向转移支付制度以实现事权与财力相互匹配。[④] 如广东采用"横向转移支付统筹资金、专项转移支付资金、项目转移支付机制""强统筹、提绩效"的资金筹集机制等多种投

---

① 程岚、文雨辰:《不同城镇化视角下基本公共服务均等化的测度和影响因素研究》,《经济与管理评论》2018年第6期。

② 谢贞发:《基本公共服务均等化建设中的财政体制改革研究:综述与展望》,《南京社会科学》2019年第5期。

③ 郭雨晖、汤志伟、赵迪:《基本公共服务均等化的评估与研判:区域补偿和质量提升下的动态演进》,《公共管理评论》2020年第4期。

④ 陈娟:《区域基本公共服务均等化与财政体制改革研究——以广东省为实例的分析》,博士学位论文,吉林大学,2017年。

入机制，推进广东省基本公共服务均等化走在全国的前列。

近年来，国内学者亦提出了更多可供借鉴的解决之道。刘昱君提出要创新民族地区的公共服务多元供给机制，如非营利组织、社区居民、行业协会、中介机构等参与提供公共服务的工作，在政策上大力扶持各地区民办学校、医疗卫生机构，让民众享受到社会组织更专业化、更具针对性的公共服务。[①] 赵涛认为要增加中央、省（自治区、直辖市）财政支农资金的投入总量，完善财政支农保障机制，加快发展适合农村特点的新型金融机构和以服务农村为主的地区性金融机构。[②] 杨刚强、邢艺竞提出创造良好的金融生态环境，吸引各方资金投入基本公共服务项目，增强在供给总量与供给质量、融资引领、银证合作、金融产品及服务模式创新等方面的支持作用，促进基本公共服务的均等化和高效供给。[③] 秦君玲等提出促进基本公共服务均等化需要建立健全覆盖所有政府性资金和财政运行全过程的监督机制，加强国家对相关民生项目的专项资金的监管力度，做到资金的拨付使用有规划有预算更有监管，强化基本公共服务水平的资金保障。[④]

其次，户籍政策也是一个重要的抓手，因地制宜进一步完善城镇落户政策，推进城镇化，化解城乡二元矛盾，缩小城乡间、区域间发展差距，多角度推动基本公共服务均等化。甘行琼、刘大帅认为财政支出不应只和户籍人口相关，还应和流动人口相关。[⑤] 财政收入与常住人口呈正相关，财政支出与户籍人口呈正相关，大量城市流动人口无法享受到与户籍人口均等的基本公共服务，产生了群体间基本公共服务非均等化问题。中央党校

① 刘昱君：《民族地区基本公共服务均等化协调治理机制研究》，《中国管理信息化》2019年第3期。

② 赵涛：《新时代民族地区城乡基本公共服务均等化制度优化路径探析》，《云南行政学院学报》2020年第5期。

③ 杨刚强、邢艺竞：《金融支持促进基本公共服务均等化了吗？——基于长江经济带11省（市）实证分析》，《上海经济研究》2020年第4期。

④ 秦君玲、吕翠苹、郑家兴：《西部地区基本公共服务均等化实证分析——基于西藏视角的分析》，《西藏科技》2017年第8期。

⑤ 甘行琼、刘大帅：《论户籍制度、公共服务均等化与财政体制改革》，《财政研究》2015年第3期。

课题组朱立杰提出要加快户籍制度改革，建立全国统一的社保"一卡通"，加快推进跨省异地就医结算系统和省级持卡库建设，实现居民社保异地无障碍转移和交纳，实现一人一卡全国通用。[①] 户口政策改革也是打破阻碍基本公共服务区域均等发展的城乡二元结构的一个政策支撑。张华、张桂文分析日本、美国、英国、北欧等发达国家和地区的基本公共服务供给模式，提出加强政府主导，重视政治引领，发挥市场和社会的作用，形成政府、市场、社会多元互动，重视城市辐射乡村、带动乡村、反哺乡村，实现城乡互补，打破二元结构，走城乡共同繁荣的新型城镇化发展之路。[②]

再次，基本公共服务供给结构调整，强化以公众需求为导向的供给。打破供给与需求之间存在的结构性偏差，更好地将基本公共服务项目建设好，更好地造福人民。乔俊峰比较俄罗斯、印度、巴西三国在城乡基本公共服务均等领域的相关政策措施，多方参与的公共服务供给机制由于公共服务在不同人群中的需求而存在差异，完全由政府进行公共服务提供不仅存在财政经费不足问题，也会导致政府失灵，并提出要建立多方参与的公共服务供给机制。[③] 财政政策的执行离不开监督体制、监督机制的运行。杨波通过分析基本公共服务均等化政策，从政策的制定、运用、执行角度研究，认为应民主化和法治化制定政策、运用多元化的政策工具、协同化执行政策，让政策成为基本公共服务均等化的保障。[④] 代凯基于投入、产出和效果视角分析广东基本公共服务均等化工作，提出要强化公众需求导向，加大在环境保护和公共安全等薄弱领域的投入。[⑤] 李星华认为基本公共服务

---

① 中央党校课题组朱立杰：《推进城乡基本公共服务均等化的路径》，《中国党政干部论坛》2017年第8期。

② 张华、张桂文：《城乡基本公共服务均等化的国际经验比较与启示》，《当代经济研究》2018年第3期。

③ 乔俊峰：《推进城乡基本公共服务均等的政策思路——俄罗斯、印度、巴西三国的政策实践及启示》，《学习与实践》2017年第9期。

④ 杨波：《论基本公共服务均等化的演进特征与变迁逻辑——基于2006—2018年政策文本分析》，《西南民族大学学报》（人文社科版）2019年第5期。

⑤ 代凯：《广东基本公共服务均等化工作绩效评估》，《广东行政学院学报》2017年第5期。

的管理应该兼顾投入、产出、受益，建立需求导向型决策机制，约束政府基本公共服务均等化的供给决策行为。[1]

最后，基本公共服务均等化还需要公平有序的外部环境。在法治环境方面，范逢春、谭淋丹从制度绩效的视角，从教育、医疗、社会保障、公共设施四个方面对我国城乡基本公共服务均等化进行分析研究，提出城乡基本公共服务均等化要完善"民主法治"的制度体系。[2]在反贫困领域，在全面赢得脱贫攻坚的历史性成就的基础上，实现和巩固贫困地区的基本公共服务均等化是保障农村贫困群体持续性增收致富的政策性支撑。易柳、张少玲认为农村基本公共服务均等化符合乡村振兴战略下深度贫困地区的扶贫要求、农村基本公共服务范围与深度贫困地区的脱贫需求相契合、农村基本公共服务均等化目标与深度贫困地区脱贫目标相一致、农村基本公共服务均等化可以减少深度贫困地区机会不均等现象的发生、农村基本公共服务均等化是实施产业扶贫政策的基础与前提。[3]农村基本公共服务均等化在反贫困战略中起到重要作用，进而可充分发挥农村基本公共服务均等化治理深度贫困的作用。

3. 基本公共服务均等化的实践评价检视

推进基本公共服务均等化归结到政府职能上仍属于政府的公共服务职能组成内容，对基本公共服务均等化的评价或测评，属于政府绩效评价的范畴。[4]对基本公共服务均等化实现程度的评价具有普惠性、公正性、过程性、可及性、阶段性与发展性等特征。建立健全基本公共服务标准体系，以标准化促进基本公共服务均等化、普惠化、便捷化，这是新时代推进国家治理体系和治理能力现代化的必然要求，也是提升民生保障水平的根本

---

[1] 李星华：《广西基本公共服务均等化公众满意度研究》，《中国财政》2018年第11期。

[2] 范逢春、谭淋丹：《城乡基本公共服务均等化制度绩效测量：基于分省面板数据的实证分析》，《上海行政学院学报》2018年第1期。

[3] 易柳、张少玲：《农村基本公共服务均等化：深度贫困治理的机遇与挑战》，《湖北民族学院学报》（哲学社会科学版）2019年第4期。

[4] 姜晓萍、康健：《实现程度：基本公共服务均等化评价的新视角与指标构建》，《中国行政管理》2020年第10期。

措施，对于不断满足人民日益增长的美好生活需要，不断增进全体人民在共建共享发展中的获得感、幸福感和满意度，不断促进社会公平正义具有十分重要的意义。2018年，中共中央办公厅、国务院办公厅印发《关于建立健全基本公共服务标准体系的指导意见》明确建立系统完善、层次分明、衔接配套、科学适用的基本公共服务标准体系。有关基本公共服务标准化的指标参数、构成要素、实现方式、评估模式和测评方法等成为基本公共服务研究的热点和重点。康健、姜晓萍基于基本公共服务均等化的价值诉求和政策目标的关联和耦合，构建基本公共服务均等化的三重评价维度（政策环境公平、供给水平发展和人民群众满意），提出适时监测基本公共服务均等化可以从政策的目标达成度、基本公共产品的质量有效度、公众对基本公共服务供给的满意度等三个层面考量。[1] 傅才武、张伟锋认为公共文化财政投入和公共文化供给区域分化是基本公共服务均等化发展的主要障碍，并提出一种兼具专家打分法、综合指数法、基尼指数法的量化评估模型。[2] 苗婧基于马克思主义公平理论的视角，提出实现基本公共服务均等化要求以发展生产力为基础、以制度构建为保障、以逐步推进为实现方式，将均等化标准分为最低标准、平均标准、相等标准。[3] 鲁莉华、陈世香认为目前涉及民族地区基本公共服务均等化的研究还较为薄弱，研究视角单一，研究内容不够深入，定性研究与定量研究不平衡，只有极少数学者进行定量和统计分析。[4] 张鹏、高小平从数字技术的可共享性、可负担性、可接受性等维度考量数字赋能的成效，提出通过农村公共服务数字化标准、服务流程、质量评价等方面提升维度，构建数字乡村驱动农村公共服务高质量

---

① 康健、姜晓萍：《基本公共服务均等化实现程度：评价要素与维度》，《上海行政学院学报》2020年第2期。

② 傅才武、张伟锋：《基本公共文化服务均等化研究——模型构建与实证分析》，《图书馆杂志》2018年第8期。

③ 苗婧：《马克思公平理论视角下的区域基本公共服务均等化》，《经济研究参考》2017年第62期。

④ 鲁莉华、陈世香：《我国民族地区基本公共服务均等化研究：回顾与展望》，《云南行政学院学报》2018年第5期。

发展的"数字赋能—质量提升"分析框架。[1] 有关基本公共服务均等化评价方式和评价模型的研究更是层出不穷，包括主成分分析法、熵权法、层次分析法、TOPSIS 分析法等，评价视角包括均等化绩效、均等化水平、效率、满意度、制度绩效、空间分异、政策有效性等，评价工具包括基尼系数、泰尔指数、变异系数、洛伦兹曲线等。李军鹏用人文发展指数和幸福指数两个核心指标衡量基本公共服务均等化发展水平。认为经济社会高质量发展蕴含了创新高质量、营商环境高质量、人文发展高质量和服务发展高质量等要求。基于此，人文发展指数包括出生预期寿命、预期受教育年限与平均受教育年限、人均国民总收入等指标。幸福指数的指标包括人均 GDP、健康预期寿命、社会支持度、慷慨指数、自由度和贪污腐败程度等。"只有推进基本公共服务体系建设，加快医疗卫生服务体系建设、教育服务体系建设，才能提高出生时预期寿命、平均受教育年限等方面的水平。"[2] 李克让提出从"数字服务"可获得性、可接受性和可适合性三个维度对基本公共服务数字化提供进行测度。聚焦公众为享受基本公共服务所需要支付的成本考量，可获得性就是要求依据公众实际需求提供服务，调整和优化服务流程和服务方式。只有适应公众需求的基本公共服务均等化，在距离上能够便捷到达，在经济上能够便利获得，才能提高公众的获得感和幸福感。[3]

在基本公共服务均等化的数字化测评过程中，其核心目标在于精准、有效地评价公共服务供给的完备化、普及化和可获取化程度。通过制定数字化服务、网络化获取、在线化供给的标准，并将其作为综合衡量公共服务合理性和服务质量高低的重要指标，全面评估数字服务绩效。在具体实践中，可以借鉴参考电子商务平台的"好差评"模式对政府部门公共服务事项提供的情况进行评级评价。还可以基于深化"放管服"改革要求，将公共部门和公共事业职责范围内的数字化服务事项（清单）比例、政府信

---

①　张鹏、高小平：《数字技术驱动公共服务高质量发展——基于农村的实践与优化策略》，《理论与改革》2022年第5期。

②　李军鹏：《新时期推进基本公共服务均等化的思路与对策》，《新视野》2019年第6期。

③　李克让：《社会治理中基本公共服务均等化与可及性研究》，《财会通讯》2022年第16期。

息资源公开和数据开放程度（比例）、企业和公众数字化服务满意度等作为综合衡量数字化成熟度的关键指标，构建基本公共服务均等化数字化指标评价体系。

四、数字化变革对公共服务均等化的影响

尽管信息化发展、数字化转型正全面引领经济社会高速度、多元化、普惠化发展，从公共管理范式与方法层面上讲，数字化转型可能成为政府公共行政改革中的颠覆性力量，也是审视和反思数字化转型的最佳切入点。但是，也应看到，数字化变革与创新在一定程度上可能进一步放大和延伸发展的不平衡不充分，甚至导致某些服务的"数字鸿沟"变革越发明显，公正可及存在有可能变得更加非均等化、非均衡化的风险。

1. 数字化转型加剧区域间发展不平衡性

当前，数字化转型、数字化变革和数字化革命正在引发一波又一波的创新创造，新兴应用和新兴业态加速轮转，由此可能带来新的问题。原本因资源禀赋、产业基础、地理区位、人才支撑等差异性而存在的不同地区之间的发展不平衡现象，可能因数字化公共服务的建设进一步拉大地区间的发展差距，在一定程度上加剧地区发展的不平衡。另外，受科层制权责配置、行政运行体制和单位综合考核驱动的影响，部分政府机构、相关公共部门在推行数字化转型中，存在事项审批"试验田"，数据使用"自留地"的潜在行为，有可能导致不同层级、不同序列的政务信息资源和数据来源彼此独立、信息平台相互排斥、信息数据无法共享的信息壁垒现象出现，从而形成新的难以逾越的"信息孤岛"。同时，因信息不对称还可能导致财政部门与地方政府之间在公共服务财政资金规模、投入方向等方面的博弈，产生新一轮的非均衡转移支付竞争冲突。因此，需要对均衡性转移支付的研究设计一系列的支付办法、支出成本差异调整指标系数体系。

2. 数字化应用触发群体间社会不公平感

鉴于不同地区、不同领域公共服务提供与获取数字化应用推行的异步性和非均衡性，社会公众对服务效率与服务质量的体验与感受可能会因区域的不同而有所差异，在公共服务的可及性和可享性方面出现不公平感，从而导致社会公众对政府公信力、公共服务满意度和社会治理预期的失衡心态出现，一定程度的"数字利维坦"倾向。此外，在数字化转型发展进程中越来越大的"数字鸿沟"加剧了老年人、残障人士等弱势群体的数字劣势，因弱势群体自身的功能性使用障碍形成"生存上的使用鸿沟"，从而陷入"数字贫困"。

不均衡的发展困境导致电子公共服务、数字化服务存在供需矛盾，进一步阻碍数字普惠化、均等化的实现。城乡间、区域间的数字鸿沟导致数字公平、服务公平、发展公平等问题日益凸显，不利于整体数字化发展水平与现代化治理能力的提升。区域均衡发展在人力、资金、资源等方面仍然存在短板和弱项，部分欠发达地区和乡村的数字化发展能力明显落后，由于财政资金不足及人才短缺，信息化建设欠账较多，政务服务能力上仍存在差距。老少边贫地区百姓、老年人、残障人士等弱势群体数字素养仍然欠缺，数字鸿沟尚未得到有效破解。

3. 数字化改革放大个性化需求非共享性

数字时代人们的生产生活方式发生了重大变革，对公共服务离散化、多样化、个性化的需求特征越发凸显，将数字技术嵌入公共服务供给与获取的全过程的根本目的在于为社会公众提供更加精准、便捷、高效的公共服务，不断提高公共服务供给能力，改进政府行政效能和服务水平。但在实践层面往往存在为了数字化而数字化，片面追求公共服务数字化推行率和覆盖率的情况，导致需求被无原则的放大，需求更加碎片化。数字技术赋能加持了公共产品和服务更加灵活，适应不同对象群体的个性化获取需求；另外，客观上显著增加了公共服务供给成本和供给强度，一定程度上与公共服务均等化和均衡发展方向相背离。针对公共服务个性化、差别化需求及沟通反馈，目前还缺乏一套完备的自下而上的需求反馈机制和第三方参与的质量评价机制。与电子商务和网上销售评价体系相比，部分地方在公共服务数字化转型中出现盲目数字化的"技术至上主义"和"痕迹形式主义"现象，较少关注网民、社会公众、企业对电子公共服务的满意度、使用体验和反馈。[①]

总之，随着信息化发展和数字化转型的不断推进，信息、数据、网络和平台正在重塑政府、企业和社会公众之间的沟通方式和协作模式，以此延伸的公共服务供给与获取、公共产品需求与服务及公共价值的开发与实现等实践环节更加需要数字化、网络化、一体化注入新兴动能和创造力。未来的数字化时代，基本公共服务的提供很大一部分必然受到数字政府建设的影响。

---

① 张鹏、高小平:《数字技术驱动公共服务高质量发展——基于农村的实践与优化策略》，《理论与改革》2022年第5期。

第二章

数字技术赋能加快推进基本公共服务均等化的必由之路

信息化发展和数字化转型不断催生新理念、新业态和新模式引领人类社会生产生活方式的变革，全方位影响经济、政治、社会、文化和生态文明各领域的发展进程。如何将数字政府、数字服务和数字化变革引入公共治理和公共服务改革是当前公共管理理论与实践的重大课题。习近平总书记强调，要运用大数据促进保障和改善民生，坚持以人民为中心的发展思想，让百姓少跑腿、数据多跑腿，不断提升公共服务均等化、普惠化、便捷化水平。[①] 数字技术应用的根本目的是提升服务水平与服务质量，数字政府构建的本质是实现公共服务的精准化，有效提高公共服务供给质量。

一、基本公共服务数字化协同治理

新公共服务改革更加聚焦公共产品供需、公共事业运行的效率、效果和效能的整体性转变，围绕公共服务价值追求更加强调高质量、低成本、高满意度。同时，公共治理实践更加强调多元化参与主体、多样化服务渠道和一体化协作性治理。更加强调适应信息社会、数字时代的转型机遇挑战，持续改进政务服务业务流程、降低事务办理门槛、创新服务获取方式。

[①] 《习近平主持中共中央政治局第二次集体学习并讲话》，中国政府网，https://www.gov.cn/xinwen/2017-12/09/content_5245520.htm。

按照英国学者帕切克·邓力维（Patrick Dunleavy）的观点，"信息技术系统对政府的影响并非通过直接的技术决定方式，而是通过广泛地被连接入信息系统的认知、行为、组织和政治文化的变迁来实现"①，特别强调了改变服务接受者和服务供给者认知与行为的重要性，以及推动组织流程与服务模式创新和推动组织生存所面临的政治文化环境变革的重要性。在"互联网 +政务服务"运行机制和模式下，公共服务价值创造日益成为服务型政府的新使命、新任务。借助大数据、云计算、人工智能和移动互联网等新兴技术和网络平台，在线公共服务、电子公共服务、移动公共服务等成为推进公共服务提质增效的新兴业态和重要方式。这不仅改变了传统公共服务提供与获取模式，提供者、需求者和运营者分离的格局也正在转变，各类组织和社会公众可以通过相应的公共服务平台或客户端等亲身体验、感知不同类型的在线公共服务。

数字治理的理论逻辑源于以需求为导向、以用户为中心的管理思想和价值追求，通过对组织架构重组优化、业务流程改革、服务方式拓展实现公共服务提质增效。数字治理涉及数字时代经济社会的整体运行，核心是治理。②基本公共服务数字化协同治理的价值目标在于应用数字技术有效防止科层分割、流程封闭、资源离散的弊端，实现数据融合、业务协同和资源整合。通过智慧化服务界面设计优化、线上线下一体化运行推动基本公共服务模式的创新，基于业务流程强化政府部门职责协作提升移动服务、全网通办和"一站式"服务的效率与效果。

提升政府公共服务能力首要是增强政府信息资源管理能力，包括对信息资源和公共数据的收集、分析、处理和运维能力，这是政府数字治理体系的基础。实现公共治理模式创新的重要手段是充分应用互联网技术、大数据分析、融媒体平台，为数据和服务的提供、传播、共享提供技术支撑，

---

① Dunleavy P.Margetts H.Bastow H.et al，*Digital era governance：IT corporations，the State，and E-government*（Oxford：Oxford University Press，2006），p.217.

② 翁士洪：《数字时代治理理论——西方政府治理的新回应及其启示》，《经济社会体制比较》2019年第4期。

实现服务精细化、精准化和治理现代化、网络化。

数字技术促成基本公共服务实现多元供给，政府部门整体上对数字服务和数字化供给进行统筹，明确政府、企业和社会组织三者之间的任务分工，通过引入服务外包和第三方参与，丰富和完善基本公共服务多元化提供机制。变革现行的基本公共服务单向循环运行模式，基于互联网技术和信息化平台构建"供给""需求""反馈"三者之间双向交互模式。这种循环模式的转变重塑了基本公共服务价值链上的提供者、承担者和受益者的关系，让基本公共服务向智能化、便捷化和个性化方向发展。

构建一体化政务服务网络平台和移动服务端，使基本公共服务范围覆盖全区域所有人。同时将人工智能等新兴技术充分应用到具体的业务服务中，形成立体化访问渠道、多元化提供模式和交互式体验反馈。在深化政府信息公开和基本公共服务流程开放的过程中，为企业、社会组织和公众获取服务提供便捷。

数字技术让服务更精准更全面更细致。开发微信服务公众号、微信小程序、微博等数字服务平台；推行统一实名认证通道和一号通办平台，根据社会公众的个性化需求进行精准智能推送。数字技术助力服务热线和相关意见反馈渠道，及时准确地反馈公众的服务需求。全面推行政务服务"指尖办"，实现办理费用在线付、一键付，真正实现事项办理"零跑动"。打通"一网通办"、"一次登录"、"一口办理"等"一站式"服务的现实壁垒，变"群众跑腿"为"数据跑路"。

二、基本公共服务数字化应用体系

在推动数字化转型时首先要完成行政管理体制的数字化改革，着力打造"以人民为中心""无缝隙"的整体政府。数字技术赋能基本公共服务均等化要求以数据的流通为基础，构建起多来源获取、多类别汇聚、主题化整合、知识化分析和个性化服务的数据应用架构，打通部门间、地区间、层级间的政府信息和数据壁垒。推动公安、民政等数据密集部门充分实现数据互相连通，让交叉性公共服务事项的办理更顺畅。

1. 一体化政务服务体系

公共服务的数字化转型对构建一体化政务服务体系的贡献，从模式上整合线上与线下的办理事项，从主体上整合跨区域、跨部门、跨层级的协同服务，从服务时效上构建全天候无缝隙的访问获取渠道。改革传统"以部门（职能）为中心"的服务模式，向"以用户为中心"的服务模式转变，有效解决基本公共服务供给与反馈存在回应性弱、可及性差、供需错位、碎片化等问题，满足社会公众个性化、精准化、多元化的服务需求，弥补基本公共服务供给与需求之间、服务交付与服务设计之间的不平衡不对称，更好地满足企业和社会公众不断增长的公共服务、生活服务期望。一体化政务服务体系的基础工作是构建一体化基本公共服务数据汇聚平台，针对基本公共服务运行与管理实践中有关数据采集、分析、加工、处理和分享的全生命周期环节，通过跨部门、跨层级的基本公共服务数据采集平台，构建数据归集系统，畅通数据流转和共享机制，提高基本公共服务数据库治理能力。

2. "一站式"在线服务网站

数字技术赋能基本公共服务均等化的实现途径包括运用政府网站、政务微信公众号、政务微博、移动政务客户端等新兴媒体平台，提供各类为民、惠民、利民的基本公共服务。政府网站是各级政府在网络空间直接面对网民的重要站点，主要承载着信息发布、事务办理和交流沟通等职责。随着互联网应用的不断深化，越来越多的日常公共管理和基本公共服务正迁移到网上，要求整合各级各类政府网站和在线服务事项，构建一体化政务服务门户网站，实现"让用户少跑路、让数据多跑腿"，促进政民互动和在线交流，不断推动多元化基本公共服务供给主体的协同联动机制建设，充分发挥移动服务、数字服务和融媒体技术在公共服务供给、事项办理、政民沟通、多元治理等方面的作用。

3. 统一性信息数据开放

信息公开和数据开放是深化电子政务建设，实现数字化转型的基础。按照现行政府信息公开条例等行政法规，要求对政府及公共部门的决策、执行、管理、服务过程中的信息资源依法公开。按照公开是常态、不公开为例外的原则，构建以网上发布信息为主、其他发布渠道为辅的信息公开和数据开放新格局，优化政策智能推送服务，将各种政策文件及时分类分级、集中统一向社会公布。构建包括政府网站、政务新媒体矩阵一体化信息发布格局，根据不同类型新媒体平台传播特点，开发多样化、定制化的政府信息资源和信息服务获取平台，①畅通政府和民众互动渠道，增进与公众的互动交流。

4. 多场景数字服务呈现

基于云计算、大数据、人工智能等重塑公共服务流程，构建简明高效的数字化服务链接，提供更具个性化和精准化的基本公共服务。数字化基本公共服务多场景呈现实现政务服务多场景智能应用和服务，是改进电子政务公共服务水平的重要渠道。基本公共服务供给部门应充分考虑自身承担的行政审批和事项办理业务量的周期性、随机性、业务体量特点，分析其非线性、离散性和非平稳统计要求，科学预测特定时间的业务办理量，根据各项政务特点及群众需求提前做好政务服务安排，提高群众的满意度。

基本公共服务数字化应用要求整合线上和线下供给渠道，提供一系列场景化、智慧化在线化和个性化服务，让社会公众能够"随时、随地、随意"的访问获取所需服务。基于这样的服务模式和运行方式，必须对传统基本公共服务供给过程中的组织形式、运行机制、服务理念、服务流程等进行变革。尤其是在推进城乡基本公共服务均等化统筹发展过程中，不仅要通过数字化技术的应用构建新的服务场景和服务供给渠道，也要树立与数字时代要求相适应的现代化服务理念、服务流程、服务模式。

---

① 王鑫、祝歆:《以数字政府建设提升政务服务水平》,《光明日报》2022年12月2日。

5. 多元化服务协作机制

基本公共服务数字化转型要求政府、企业、公众及其他社会组织共同设计和生产服务，尤其是把用户视作共同创造者，而非服务接受者。基于多主体协作性公共治理是新公共服务改革的重要范畴，这种多元化的协作机制有利于形成基本公共服务参与主体之间的互动、互联和互补，实现治理体系上的政府负责管理、企业参与运行、社会公众全程交互的格局，在提高企业、公众等社会需求的响应度上更加聚焦和精准，为创新基本公共服务供给模式和获取方式提供制度性保障，成为深化"放管服"改革的重要举措。

三、基本公共服务数字化技术体系

数字技术赋能公共治理和基本公共服务水平提升的策略，主要是通过重塑服务流程，打破组织壁垒、弥合信息鸿沟等。[①] 尤其是基于大数据应用驱动基本公共服务供给模式创新、需求精准识别、机制智慧响应、区域协同共享等，成为引领数字时代经济社会数字化转型的第一推动力。[②] 数字技术手段和信息化平台促进基本公共服务资源流动更加精准、高效，基本公共服务资源配置效率不断提高，最大限度实现一定地区基本公共服务一体化目标，从而以一体化促进基本公共服务均等化。[③] 数字技术赋能涵盖了基本公共服务实践的全过程各环节，在决策支持、实时管控、动态跟踪、及时反馈等方面彻底改变了以往信息发布滞后、办理流程冗长、结果反馈延迟的问题。变传统管理模式为扁平化管理模式，以公众为中心；消除部门

---

① Katson，M.，A.Botros，"Digital Government：A Primer and Professional Perspectives，" *Australian Journal of Public Administratio*，2015（1）：42—52.

② 周瑜：《数字技术驱动公共服务创新的经济机理与变革方向》，《当代经济管理》2020年第2期。

③ 李淑芳、熊傲然、刘欣：《推进基本公共服务均等化的三重困境与破解之道》，《财会月刊》2022年第8期。

之间、地区之间的隔阂，以工作流程为主线，简化流程，方便办理，使服务、沟通与回应更顺畅。

1. 公共服务主体要素数据化、信息化

数据作为信息时代的关键生产要素，正在重塑经济社会发展和社会文明进步的价值体系，成为精确化决策、精细化治理、精准化服务的重要依据。为适应社会数字化转型和网络化生存的变革要求，公共服务的各参与主体，无论是从政府、市场和社会的角度，还是从政府、企业、社会组织和公众的角度，抑或从供给与需求、提供与获取关系的角度看，都需要实现公共服务参与主体、管理事项、产品和服务的数据化处理、数字化改造，确保公共服务全过程能够通过数字化、网络化手段实现线上与线下的协同运行。数字技术赋能公共服务将有力促进公共服务与公众需求的精准匹配，变"人找服务"为"服务找人"。数字时代的网络媒介也改变了公共服务供给与需求之间的信息不对称局面，社会公众对政府信息公开和数据开放的需求成为公共服务提供方式和运行模式首先要解决的问题。数字时代的信息与数据成为主导公共服务的重要工具，成为公共服务价值创造最具有特征的时代标识。[①] 基于数据分析、数据挖掘和数据价值创造的大数据技术为精准化公共服务提供技术支撑。得益于公众数据资源，数字技术有效改善了政府服务的优质性，让公共服务的供给与需求得以精准匹配，大大提升了公共服务的运行效率。特别需要强调的是，大数据技术作为数字化治理的关键技术，核心任务就是通过数字系统的运行，利用数据资源实现运行监测的全面性、实时性、动态性，增强问题检测的主动性、预见性、精准性。强大的数据抓取、整合、挖掘与分析能力，以及科学、精准、高效的预测能力，将有助于推进公共治理与公共服务的提质增效。

2. 公共服务供给方式移动化、在线化

伴随"互联网＋行动"的全面推行，网上政务服务大厅、移动政务服务端（客户端）等"互联网＋政务服务"平台的不断发展和完善，成为创

---

① 谢秋山、陈世香：《中西部农村公共服务数字化转型面临的挑战及其应对》，《电子政务》2021年第8期。

新和拓展基本公共服务供给方式最活跃、最受欢迎的模式，依托信息技术不断优化基本公共服务供给模式、获取方式和流程标准。公共服务运行场景的互联互通、审批事项协同办理、服务访问互操作性都需要数字技术的赋能。比如，有关信息技术自动识别服务对象方面，基于数据库系统的服务对象基本信息、家庭状况、就业信息、收入状况和社会保障等相关信息，将为特定对象的公共服务事项提供更加精准的服务指引，并为服务对象事项审核办理提供快捷、高效的辅助，加快审核的进度并提高事项办理的速度和效率。

3. 公共服务供给模式一体化、集约化

随着政府门户网站和移动服务端的应用普及，越来越多的行政审批和政务服务事项被搬到了"线上"。以 AR/VR 技术（Augmented Reality/Virtual Reality，增强现实 / 虚拟现实技术）、可穿戴设备技术的发展能够突破时空限制，大幅度提升基本公共服务的可及性、便捷性。通过大数据、云计算、互联网等技术对学习的基础、方法、程度进行精准化分析，按照不同学习需求制定个性化课程。伴随 4G/5G 技术和可穿戴设备的成熟，远程医疗将会帮助医疗机构与医护人员更加快速地对病人的病情进行远程检测和监控。基于 XR（Extended Reality，扩展现实技术）、MR（Mediated Reality，混合现实技术）技术创新公共文化服务的数字化应用场景，实现"无论居住在何处，都能享受到大致相同的基本公共服务"目标。增进基本公共服务供需之间的服务交互，改善基本公共服务体验和服务生态。信息技术、数字技术赋能服务型政府、阳光政府和效能政府建设，塑造数字政府形象和开放型运行机制，有益于构建基于互联网络平台的政民关系、政企关系和政府、企业、社会公众的协同治理格局。同时，数字技术和信息技术力图通过基本公共服务均等化支持普惠服务、个性化服务的定制和增值服务。

4. 公共服务办理流程标准化、规范化

建立与不同地域、人群和相匹配的数字化公共服务供给模式要求更加规范的服务流程、服务体系，优化财政支出结构，实现基本公共服务资源

与需求精准对接，促进城乡要素互通共享，弥合城乡数字鸿沟。[①] 基本公共服务标准化是基本公共服务高质量发展的前提要件，数字技术嵌入基本公共服务均等化需要构建明晰可行的服务标准、流程标准和事项清单、服务规范。针对不同群体和个人统筹均衡配置大数据资源，有效解决因分配不公导致的在数据资源的代表性、用户画像、决策支持与行动干预等维度上出现不正义的情况，进而影响基本公共服务标准化设置的科学性和合理性。

数字技术嵌入基本公共服务均等化还要强化技术与治理的均衡关系，既要避免数字服务、在线服务的数据滥用、数据侵权和数据泄露，又要防止数字服务应用的阶层固化和代际落差，尤其是对老年人、儿童和残障人群的数字服务保障。通过建立法律制度规则保障各方利益，综合评估基本公共服务数字化转型带来的利弊得失和对数字素养与技能弱势群体的服务体验。[②]

四、数字技术赋能基本公共服务均等化的关键要旨

随着经济社会的数字化转型，数字政府与数字治理、智慧城市与智慧民生应用不断深化，信息公开与数据开放、"互联网＋政务"、"互联网＋监管"、"互联网＋党建"等快速发展。数字时代大数据、人工智能、5G 技术、移动互联网、云计算的推广与应用对政府治理能力和基本公共服务水平提出了新的更高要求，需要进一步完善政府网站、政务服务网络（包括移动服务端）和政务服务中心数字化建设。依托网上政民互动留言板、政务微博、政务微信公众号、政务短视频平台不断拓展和丰富数字政府运行形式和运行体系，使互联网络平台成为信息时代政府、社会和公众的主要

---

① 张鹏、高小平：《数字技术驱动公共服务高质量发展——基于农村的实践与优化策略》，《理论与改革》2022年第5期。

② 张鹏、高小平：《数字技术驱动公共服务高质量发展——基于农村的实践与优化策略》，《理论与改革》2022年第5期。

交流渠道。数字政府的建设特别强调以政府即平台、公民为中心、高度信息化、政府公开透明，有效推动政府在决策、服务、评估等方面的数字化发展。[1] 服务型政府是数字政府建设的根本目的，数字政府的建设目标是"让数据跑路"代替"让人民跑腿"，通过精准、高效、管用的数据治理和数字服务，解民忧、纾难事、办实事、惠民生，不断提升政府办事效率和治理效能，持续提升人民群众的获得感、幸福感和满意度。

互联网技术和信息化应用极大地推动了政府的数字化转型和信息化发展，数字政府通过改革政府现行的职能分工、协作机制、运行模式和工作方式，进一步变革现代政府的基本公共服务理念，助推政府及其公职人员践行以人民为中心的发展理念。了解公众的需求，以互联网思维、数字治理创新服务强化公共价值改革导向，实现政府治理从经验决策向数据决策，用大数据分析方法分析和解决问题。[2] 为满足人民群众日益增长的对基本公共服务的需求，政府部门的基本公共服务职能与公共服务范畴持续扩展。随着社会经济的发展与信息技术的创新应用，基本公共服务的提供不再是传统的常态化供给，更多地呈现高质量、多样化、多渠道的供给特征，极大地提升了基本公共服务的可及性、便捷性与运行效能。之所以选取以行政改革数字化转型、建设数字政府为切入点，目的就在于研究如何通过数字政府建设更好地推动我国基本公共服务均等化、智慧化和高效率，更好地治国理政、服务社会、惠及民生。

1.夯实脱贫攻坚历史性成就

扶贫脱贫工作是中国共产党自成立以来百年奋斗的重大使命任务，是社会主义国家和政府一直努力的目标任务。2021年2月，习近平总书记在全国脱贫攻坚总结表彰大会上庄严宣告："我国脱贫攻坚战取得了全面胜利，现行标准下9899万农村贫困人口全部脱贫，832个贫困县全部摘帽，12.8万个贫困村全部出列，区域性整体贫困得到解决，完成了消除绝对贫困的艰

---

① 胡税根、杨竞楠：《发达国家数字政府建设的探索与经验借鉴》，《探索》2021年第1期。

② 参见王益民《数字政府》，中共中央党校出版社2020年版。

巨任务，创造了又一个彪炳史册的人间奇迹！"[1]在脱贫攻坚的道路上，党带领人民攻坚克难、开拓前进，最终取得历史性胜利，巩固脱贫攻坚成果，让脱贫基础更加稳固、成效更加显著，使脱贫攻坚成果和乡村振兴有效衔接是当前和今后一段时间党和国家的责任与使命。在这样一个发展转折和历史转型时期，持续推进基本公共服务均等化，全面推进公共服务普惠和生活服务场景化，将是政府履行公共服务职能的重要任务。同时，应该看到，基本公共服务均等化具有反贫困功能，是巩固拓展脱贫攻坚成果的重要保障。[2]2020年12月，中共中央、国务院印发《关于实现巩固拓展脱贫攻坚成果同乡村振兴有效衔接的意见》指出，要进一步提升脱贫地区公共服务水平、分层分类实施社会救助、合理确定农村医疗保障待遇水平、完善养老保障和儿童关爱服务、织密兜牢丧失劳动能力人口基本生活保障底线。基本公共服务是民生领域的保障，提升基本公共服务水平，促进基本公共服务均等化是脱贫人口不再重返贫困的有力支撑。

持续巩固脱贫攻坚成果并防止系统性返贫是确保贫困群体彻底摆脱贫困、走向共同富裕的内在要求，从导致返贫核心要素分析的层面可以将返贫类型划分为制度政策型返贫、环境资源型返贫、灾害疾病型返贫、产业薄弱型返贫、教育能力型返贫和思想观念型返贫等情形。[3]这些返贫类型凸显了脱贫人口的脆弱性和返贫的风险性。众多的返贫原因，如因病返贫、因灾返贫、因学返贫、因老返贫、因技返贫等，[4]在一定程度上都和基本公共服务发展水平息息相关。基本公共服务的医疗卫生、社会保险、教育、社会服务、劳动就业创业等和致贫返贫原因存在内生联系。促进基本公共服务均等化，向脱贫地区和脱贫人员的基本公共服务政策性地倾斜发展有助于降低摆脱贫困的脆弱性。乔俊峰、郭明悦认为基本公共服务通过

---

[1] 《习近平谈治国理政》（第四卷），外文出版社2022年版，第125页。

[2] 纪长征：《聚焦基本公共服务 巩固脱贫攻坚成果》，《统计科学与实践》2021年第8期。

[3] 张波：《乡村振兴背景下农村返贫治理机制研究》，《南方农机》2022年第4期。

[4] 康恺：《精准扶贫中返贫问题的现状、原因及对策——以赣南地区为例》，《山西农经》2022年第1期。

缓冲不确定风险的冲击可以降低家庭的多维贫困、家庭多维贫困脆弱性，巩固脱贫成果，提高脱贫质量。[①] 围绕脱贫群体的生产生活和脱贫地区的发展瓶颈开展大数据分析，精准施策。通过建立脱贫攻坚数字化政策体系、责任监督体系、项目考核体系、财政投入体系，建立脱贫摘帽地方数字化服务平台和数字乡村振兴帮扶机制，对守住坚决不发生规模性返贫的底线起到支撑性作用。持续提升信息化条件下智慧教育、在线医疗、数字社保和智慧养老等服务保障能力，切实增强人民群众的获得感、幸福感和安全感。通过对梳理现有促进基本公共服务均等化的数字技术应用现状分析，未来数字政府的建设如何最大化发挥数据价值、数据治理和数据赋能，推动基本公共服务均等化和高质量的公共服务体系建设，将对深化公共服务改革产生直接的影响。

在从决胜精准脱贫攻坚战的"两不愁三保障"向推进共同富裕的"七有两保障"阶段性目标转变过程中，基本公共服务均等化被赋予了新的历史使命，亦即从原来帮助解决绝对贫困和建档立卡贫困户群体，兜底社会保障服务，向持续助力巩固脱贫攻坚成果，促进公共服务普惠和高质量生活服务快速发展转变，为实现共同富裕提供有效支持，赋予发展动能。

2.弥合数字鸿沟与均等差距

随着信息化应用的全面渗透，在夯实脱贫攻坚历史性成就的过程中，需要特别重视和处理信息化发展给落后地区和困难群体带来的数字鸿沟、信息鸿沟持续扩大的问题。在一定程度上，信息社会不同群体之间存在的数字鸿沟、数字素养差距，成为基本公共服务均等化过程中的数字鸿沟、信息茧房等新问题，正逐步成为政府数字化转型和公共治理过程中面临的新挑战。社会不同群体在公共服务数字化获取过程中存在"获取数据技术差异、数字技术使用方式差异、数字技术使用结果差异"等新的不平等问

[①] 乔俊峰、郭明悦：《基本公共服务能有效提升脱贫质量吗？——基于多维贫困和多维贫困脆弱性的视角》，《财政研究》2021年第12期。

题。① 同时，不同社会群体对数字化应用和数字素养技能、对新技术的学习态度和能力也存在差距。部分群体难以接受数字化产品和服务，尤其是老龄化人群、教育程度较低的人群。这一现象的主要原因是存在基础信息网络技术门槛，其次是这部分群体在对待新兴的应用产品和服务的观念态度上有抵制情绪，他们更愿意面对面接受产品服务，在获得服务的同时能够得到更多的社会人文关怀。

在本质上，实现基本公共服务均等化的基本途径是政府运用行政手段、政策工具推进公共服务的公平补偿，即通过政策手段的调节确保社会公众都能够享受到基本的公共服务。② 因此，通过数字政府的建设促进基本公共服务均等化，进而弥合数字鸿沟，使人民群众不分层级地共享基本公共服务的数字化红利。

3. 实现数字服务一体化供给

随着"互联网 + 应用和服务场景"的迅速推广，数字服务变得更加普及。以数字化助力公共服务均衡发展，推动经济社会高质量发展；以数字化助力国家治理体系和治理能力现代化，加快政府数字化转型。构建数字服务一体化体系成为数字政府建设的基本方向，数字化转型促进经济复苏与高质量生活服务。随着线上生产、消费、流通、社交应用与服务逐步形成日常行为，数字经济发展创新驱动效应日益凸显。公共服务数字化转型的全面推进，是新时代把握新发展阶段、贯彻新发展理念、构建新发展格局的一项战略性举措，既顺应数字政府发展之需，又充分彰显了中国式现代化网络强国、数字服务和智慧生活的独特优势。

在推进基本公共服务数字化转型的过程中，发展数字服务、智慧服务和一体化场景服务为标志的新业态、新基建和新模式，围绕新型资源和工具、资源供给、资源监管对数字资源进行新布局，突出应用核心，既有助于扩大公共服务资源的覆盖面，同时还有利于提升资源供给与应用服务的

---

① 夏杰长：《数字赋能公共服务高质量发展：结构性差异与政策建议》，《价格理论与实践》2021年第9期。

② 李克让：《社会治理中基本公共服务均等化与可及性研究》，《财会通讯》2022年第16期。

精准化水平。不仅可以实现公共服务资源的均衡配置，还可以加快推进基本公共服务供给与获取均等化。

4. 促进共同富裕均衡化愿景

"共同富裕是全体人民的富裕，是人民群众物质生活和精神生活都富裕，不是少数人的富裕，也不是整齐划一的平均主义，要分阶段促进共同富裕。"[①] 第十三届全国人民代表大会第五次会议指出："要坚持以人民为中心的发展思想，依靠共同奋斗，扎实推进共同富裕，不断实现人民对美好生活的向往。"幸福都是奋斗出来的，共同富裕也不是一蹴而就的，一方面需要持续不断地高质量发展，另一方面需要解决发展不平衡问题，实现高质量均衡化发展。推动基本公共服务均等化对进一步夯实脱贫攻坚，提高发展质量和成效，维护社会公平正义秩序，是数字化赋能共同富裕进程中健全基本公共服务体系的逻辑起点。社会公平、共同富裕历来是人类社会共同的发展愿景。孔子的"不患寡而患不均"，马克思、恩格斯的"生产将以所有的人富裕为目的"，毛泽东的"这个富，是共同的富"[②]，改革开放时的"先富带后富"，新时代习近平总书记的"实现共同富裕不仅是经济问题，而且是关系党的执政基础的重大政治问题"[③]，共同富裕从古至今都是人民所期盼的，是全民族的共同富足，也是物质（"口袋"）和精神（"脑袋"）的共同富足。[④] 经过不懈努力，我国脱贫攻坚取得决定性胜利，全面建成小康社会为建设现代化国家固本强基。基本公共服务均等化成为党的全面领导下保障和改善民生、有效应对发展不平衡不充分矛盾的重要举措，又为实现共同富裕打下了坚实的物质基础。[⑤]

---

① 《在高质量发展中促进共同富裕统筹做好重大金融风险防范化解工作》，《人民日报》2021年8月18日。

② 《毛泽东文集》(第六卷)，人民出版社1999年版，第495页。

③ 《习近平著作选读》(第二卷)，人民出版社2023年版，第40页。

④ 邹伟、于佳欣、樊曦等：《从"共"字看扎实推进共同富裕》，《人民日报》2021年12月9日。

⑤ 丁元竹：《实现基本公共服务均等化的实践和理论创新》，《人民论坛·学术前沿》2022年第5期。

　　实现共同富裕要求基本公共服务均等化发展具有更高水平、更高质量，能够满足更高需求的公共服务供给，提供多样性个性化的生活服务。共同富裕是基本公共服务均等化的价值与政策引领，基本公共服务均等化是共同富裕的具体政策、关键维度和核心指标。[①] 共同富裕从社会保障看是民生服务公益化、均等化。[②] 基本公共服务均等化为共同富裕的公共事业、公共分配效能提升打下坚实的基础，既有利于"做大蛋糕"，又有益于"分好蛋糕"[③]。因此，基本公共服务均等化和共同富裕是具有共同目标的不同发展阶段，基本公共服务均等化是推动共同富裕的主攻方向。针对不同时期的公共服务共享、高质量发展、收入分配改革、精神生活富裕等任务提出的具体策略。[④]

　　数字化赋能基本公共服务均等化在其实践进路上突出地表现为满足公共服务精准供给、有效供给和多渠道供给，就是运用大数据、云计算、人工智能等技术工具和分析方法，准确把握社会公众对于美好生活的需求。按照社会公众的需求配置基本公共服务，以网络化、在线化等信息技术手段为社会公众需求诉求提供多渠道可选择的表达和获取方式。[⑤] 推进共同富裕的重点在于聚焦地区间差异、城乡间差距和不同群体收入差距等问题，着力点在于就业、收入、教育、住房等与民生密切相关的事项上。[⑥] 切实发挥政府在社会保障方面的兜底职能，使社会所有群体、每一个人都能过上美好生活，推进基本公共服务均等化是推动共同富裕的重要举措。

　　习近平总书记指出，共同富裕是社会主义的本质要求，是中国式现代

---

　　① 康健：《基本公共服务均等化与共同富裕的关系耦合、功能定位和作用机制》，《上海行政学院学报》2022年第2期。

　　② 李可愚：《共同富裕也是基础性的教育等民生服务公益化、均等化》，《每日经济新闻》2022年3月9日。

　　③ 陈进华：《基本公共服务均等化促进共同富裕》，《中国社会科学报》2021年12月8日。

　　④ 李实、杨一心：《面向共同富裕的基本公共服务均等化：行动逻辑与路径选择》，《中国工业经济》2022年第2期。

　　⑤ 李克让：《社会治理中基本公共服务均等化与可及性研究》，《财会通讯》2022年第16期。

　　⑥ 谢伏瞻：《扎实推进全体人民共同富裕》，《人民政协报》2021年3月8日。

化的重要特征。① 从政府的公共服务职责上讲，基本公共服务均等化为共同富裕提供最稳固、最扎实的社会保障，充分保障高质量发展的平衡性、协调性和包容性。通过加大普惠性人力资本投入，完善养老和医疗保障体系、兜底救助体系、住房供应和保障体系，促进基本公共服务均等化，推动共同富裕。

5. 推进政务信息普惠化开放

实现基本公共服务均等化还有一个先决性的基本条件，就是依赖于逐步消弭社会公众在知晓、获取公共产品和公共服务事项信息上的"信息鸿沟"，解决政务服务信息不对称、不均等的问题。信息化发展和数字化变革最显著的特征之一是信息资源的生产、传递、分享和交流变得空前便捷，社会公众对公共服务相关信息的知晓程度、范围，以及运用技能、方式都将直接影响公共服务的质量和水平。政府信息公开，行政权力透明运行是建设服务型政府、透明政府的内在要求。② 政务公开即行政机关全面推进决策、执行、管理、服务、结果全过程公开，回应社会关切，加强政策解读、平台建设、数据开放，保障公众知情权、参与权、表达权和监督权的制度安排。因此，从政府履职尽责的全程看，全面、及时、准确地发布政府信息资源、推进政务公开，成为信息时代加快推进基本公共服务均等化要解决的"最后一公里"问题之一。政务信息服务普惠化均等化的另一个要件，是推动各类公共服务事项网络化运行、在线化办理、数智化沟通。构建统一的政务服务一体化平台，实现动态管理，优化审批流程，改革服务清单和办理手续，实现各项业务线上办理和"一网通办"。

6. 扩大公共服务多元化参与

习近平总书记指出，要完善共建共治共享的社会治理制度，实现政府治理同社会调节、居民自治的良性互动。③ 实现基本公共服务均等化与共同富裕同频共振，要求进一步深化以人民为中心的服务型政府改革。深化行政管理

① 《习近平谈治国理政》(第四卷)，外文出版社2022年版，第142页。
② 王鑫、祝歆：《以数字政府建设提升政务服务水平》，《光明日报》2022年12月2日。
③ 《习近平谈治国理政》(第四卷)，外文出版社2022年版，第338页。

改革当中一个重要的方向，就是扩大公共治理和公共服务的多元化参与，充分吸收消化多中心治理理论的多元化参与、协作性公共服务的理念。

政府基于长期不懈的信息化与电子政务建设，实现数字化转型，通过构建以互联网平台和网络化服务机制，拓展政民、政企之间沟通交流互动机制，进一步拓宽民众参与公共治理和公共服务的渠道，有助于提高公众参与程度。[①] 新公共管理理论与实践提出，协作性公共治理更加强调发挥社会公众有序参与公共服务活动的良好氛围和有效途径。通过构建在线化、数字化的社群民意表达、交流与反馈机制，借助互联网技术和信息化手段建立起来的社情民意反馈机制，能够通过数据采集、脱敏、分析等手段，及时从海量数据中挖掘出对政府决策有价值的意见、建议，从而将自上而下的决策与自下而上的民意反馈结合起来，以决策的民主化促进决策的科学性。同时，基于网络化、一体化公共服务全生命周期的运行监督机制，使在公共治理与公共服务实践过程中的信息数据资源可以有效、精准的支配，全面监督、分析和研判公共治理的决策、实施与绩效管理全过程的信息，有效监督政府管好用好公共权力、公共资金和公共资源，促进权力在阳光下运行。

扩大公共服务多元化提供需要具有信息技术和互联网背景的第三方支持，尤其是需要以信息企业为核心的新兴社会组织的合作和支持。因为除政府外的机构、企业和公众都是公共服务的重要对象，本身也需要以数字化转型、使用数字化公共服务，即以数字化公共服务需求倒逼政府部门加快数字化转型。同时，各类机构、企业和其他组织数字化转型还有助于增加相关公共服务领域知识积累，通过与公共服务数字化、在线化促进数字化生态的形成。更何况，各类机构、企业和社会组织还可以为公共服务数字化转型提供相应的技术支撑和人才支撑。

---

① 王鑫、祝歆：《以数字政府建设提升政务服务水平》，《光明日报》2022年12月2日。

第三章

数字技术赋能基本公共服务均等化的实践之道

数字技术赋能基本公共服务提质增效，赋智公共治理现代化，使政府社会管理、公共服务职能不断强化，政务服务迈向数字化高质量发展。电子政务服务逐渐跨区域、跨部门、跨层级，向一体化、整体化目标快速发展，建设成效逐步显现。国家政务服务平台与各地、各部门政务服务平台互联互通，全国一体化在线服务水平持续提升。部门本级一体化政府服务平台改造升级成效显著，实现各部门政务服务事项的"一站式"办理，充分发挥互联网技术和信息化手段推进基本公共服务均等化有了理论和实践的双重支撑。

一、国家智慧教育公共服务平台

信息通信技术、计算机应用技术在助推教育远程化、均衡化和现代化等方面具有长久的历史，教育技术学科发展无不蕴含了现代科技创新服务教育发展的历程。教育作为维系国计民生的基础性公共服务，现代科学技术赋能教育发展历来都是创新的前沿和热点。《中华人民共和国国民经济和社会发展第十四个五年规划和2035年远景目标纲要》提出"以数字化转型整体驱动生产方式、生活方式和治理方式变革"。数字化转型倒逼教育进行全面数字化转型与升级，以数字化为支撑的高质量教育成为应对新阶段新挑战的必然选择。

1. 基本发展历程

数字技术赋能教育均衡化、现代化经历70余年的实践探索，[①]智能教育、数字教育、智慧教育作为教育信息化深化发展方向和重点领域经历若干发展阶段。最早由原文化部设置电化教育处，以电影幻灯片广播，标志着初级电化教育的起始。1984年，邓小平指出"计算机的普及要从娃娃抓起"[②]，计算机辅助教学迅速在全国范围推广，以计算机辅助教学、远程教学为代表的教育信息化正式起步。2004年，教育部发布《中小学教师教育技术能力标准（试行）》明确要求提高教师信息素养，开展信息技术与课程整合能力培养。

党的十八大以来，教育信息化迈入深化发展阶段。2012年，教育部《教育信息化十年发展规划（2011—2020年）》提出加强组织领导、完善政策法规、做好技术服务、落实经费投入，标志着教育信息化进入新的发展阶段。先后以"三通两平台"[③]为抓手，实施全国中小学教师信息技术应用能力提升工程，打造"一师一优课、一课一名师"全面提升义务教育质量和水平。2015年，教育部发布《教育信息化"十三五"规划》，将教育信息化中期目标概略为，到2020年建成"人人皆学、处处能学、时时可学"信息系统和信息平台，适应国家教育现代化总体战略目标。2018年，根据教育部发布《教育信息化2.0行动计划》，进一步明确到2022年，基本实现"三全两高一大"[④]智能教育目标。同时，在提升教育信息化水平方面，强调充分运用大数据、人工智能技术推进教育管理提质增效、公共服务优质均

---

① 《教育信息化70年历程》，济宁医学院信息技术中心，https://itc.jnmc.edu.cn/2020/0929/c1949a115839/pagem.htm。

② 本书编写组：《〈中共中央 国务院关于进一步加强和改进未成年人思想道德建设的若干意见〉学习读本》，人民出版社2004年版，第49页。

③ "三通两平台"主要包括宽带网络校校通、优质资源班班通和网络学习空间人人通，建设教育资源公共服务平台和教育管理公共服务平台。

④ 即教学应用覆盖全体教师、学习应用覆盖全体适龄学生、数字校园覆盖全体学校，信息化应用水平普遍提高、师生信息素养普遍提高，建成"互联网＋教育"大平台。

衡和决策水平精准高效。

2019年，中共中央、国务院印发的《中国教育现代化2035》提出充分利用信息技术推进教育治理方式变革，将"加快信息化时代教育变革"作为推进教育现代化的十大战略任务之一。2019年3月，《教育部关于实施全国中小学教师信息技术应用能力提升2.0的意见》提出构建"以校为本、基于课堂、应用驱动、注重创新、精准测评"的教师信息素养建设新要求，实现"三提升一全面"[①]建设发展目标。2019年5月，中国与联合国教科文组织在北京合作举办国际人工智能与教育大会，提出人工智能是实现教育生态重构的有效手段。信息化发展、数字化变革、智慧化应用在教育领域引发深刻的变化，可能会彻底改变教育的时空场景和学习形态，全民化、多元化、场景化和个性化的教育生态体系呼之欲出。在以5G为引领的环境下，包括AI（Artificial Intelligence，人工智能）、AR/VR等新兴智能技术及其相关的信息产品和服务将持续赋能远程教学、全景课堂、全息课堂、沉浸式教学等教育创新模式，为传统教育注入全新教学理念、方式和途径。

2. 国家智慧教育公共服务平台的主要功能

国家智慧教育公共服务平台是在国家"双减"政策、促进优质教育资源均等化目标、促进教育高质量发展战略的背景下整合各方优质资源建立起来的。经过多年建设，逐步构建了适应教育信息化发展要求，独具中国特色的网络化、在线化、智慧化教育体系。

2022年3月，国家智慧教育公共服务平台正式上线。具体包括国家中小学智慧教育平台、国家职业教育智慧教育平台、国家高等教育智慧教育平台、国家24365大学生就业服务平台四个子系统，在"国家智慧教育公共服务平台"网站（www.smartedu.cn）可以便捷访问各项目平台。其中，国家中小学智慧教育平台在原"国家中小学网络云平台"基础上改版升级，资源总量大幅增加，在原有专题教育和课程教学的基础上，新增课后服务、教师研修、家庭教育和教改实践经验四个服务板块。国家职业教育智慧教育

---

① 即校长信息化领导力、教师信息化教学能力、培训团队信息化指导能力显著提升，全面促进信息技术与教育教学融合创新发展。

平台由"专业与课程服务中心""教材资源中心""虚拟仿真实训中心""教师服务中心"四大板块组成。国家高等教育智慧教育平台目标建设成为规模最大、门类最全、用户最多的全球高等教育智慧开放课程平台，会聚国内国际最好的大学、最好的老师、最好的课程，成为国家级的高等教育综合课程平台。[①] 平台资源主要由优质职业院校联合优秀企业共同开发标准化课程、示范性课程、各种拓展资源，促进教育链、创新链、产业链和人才链的深度融合，充分体现"产教融合、校企合作"的办学特色。国家24365大学生就业服务平台"一站式"服务助力毕业生就业，汇集岗位信息380余万个、上线直播课91期、就业指导培训课程资源118个，提供44项职业测评和578个职业案例，打造24小时365天"全时化、智能化"平台，全国6万余名毕业班辅导员和2万余名就业工作人员，全部在平台注册。[②]

国家智慧教育公共服务平台坚持"国家工程、质量至上"的服务宗旨，平台设计和建设秉承"应用为王、服务至上、简洁高效、安全运行"理念，经过不断迭代改进和升级完善，形成贯通中小学、职业教育、高等教育的一体化教育资源中心和网络学习平台。基于信息化、数字化和智慧化的技术资源和管理服务，为有效解决和推进基本教育公共服务优质均衡发展发挥重要作用，有力推进了教育公平和教育普惠。智能化的教育平台实质性推动优质教育资源共建共享，切实推动教育均等化。该平台的推出和持续应用成为数字化时代教育学习范式、教学范式创新的重要载体，深刻改变教师的教、学生的学、教育的管，改变教学的形态，持续推进教育领域的学习革命、质量革命。

可以看出，国家智慧教育公共服务平台作为一个全国性教育公共服务一体化平台，基于互联网络和智慧服务将教育主管部门、学校、家庭和社会培训机构有机整合起来，进一步丰富和拓展了教与学、管与教、学与学

---

① 《教育部发布会详解国家智慧教育4平台亮点》，《中国教育报》，https：//baijiahao.baidu.com/s？id=1728655913493695534&wfr=spider&for=pc。

② 《国家24365大学生就业服务平台：面向2022届毕业生汇集380余万个岗位信息》，中华人民共和国教育部，https：//www.moe.gov.cn/fbh/live/2022/54324/mtbd/202203/t20220329_611909.html。

多主体多渠道网络化的交互方式和沟通模式，有力扩展了学生学习、教师教学、学校管理、教育创新等的途径。尤其是对基础教育薄弱的地区和环节，充分利用国家中小学智慧教育平台等丰富的教育资源，不断丰富教学载体，一体化提供自主学习、教师备课、双师课堂、作业推送、答疑辅导、课后服务、教师研修、家校交流和区域管理等应用场景。

另外，各地在探索运用数字技术赋能教育治理提质增效方面也开展了有益实践。教育部实施"国家教育科学决策服务系统"建设，汇聚教育发展密切相关的经济、科技、人口、产业领域数据，充分发挥数据作为关键生产要素的作用，通过大数据分析和系统建模对教育现状进行数字化监测与评价，力求全周期调控教育运行态势，全流程跟踪教育管理的难点堵点，为教育科学决策、优化资源配置、精准监测教学质量提供了数字化支撑。北京市充分利用人工智能和大数据分析技术，探索构建"双师"服务平台、"智慧学伴"平台、区域教育质量地图、教学评估数据质量核查系统等，有效提升了教育治理水平。江苏省徐州市利用智能巡课系统对全市各校日常课堂教学状况数据进行全景式收集，为解决各校教学问题提供了第一手的课堂观察资料。浙江省宁波市教育地理信息系统（GIS）借助大数据挖掘分析引擎，全方位呈现区域人口规模与结构、人口流动和幅度变化，为学区规划、学位供给和教育资源配置提供精准数据支持。

3. 评析：数字技术为传统教育带来颠覆性变革

利用数字技术推进义务教育转型升级，缩小区域间基础教育、高等教育发展不平衡不充分的差距，不断提升教育品质已成为深化教育体制改革的趋势。尤其是在应对新冠疫情以来的考验中，一方面，大规模的在线教育、网络教学实践，有力推动了教育理念更新、实践变革和数字技术有效应用；另一方面，不同地区之间的设备条件水平不均衡在教学新常态下又一次放大了"数字鸿沟"带来的教育不公平，传统教育教学方法在支撑数字时代复杂教学实践方面的局限性日渐凸显。随着越来越多的国家和国际组织全面推进教育数字化转型升级行动，智慧教育、数字教育已经成为教育改革与发展的主题。

首先，育人环境全媒体全周期化。教育是培养能够担当民族复兴大任，德、智、体、美、劳全面发展的时代新人。教育数字化转型涉及整个教育生态要素的系统性重构，是对教育价值与理念的再认识的过程。数字化的教育流程、教学内容、教学目的都要以立德树人为主。网络教育平台学习存在一些主客观的现实困境，如何应对传统课堂教学和智慧教育平台主导的矛盾，如何解决区域间网络硬件设施差异较大的问题，如何避免线上学习过程中学生沉迷网络等问题，需要进一步研究。只有科学地用好智慧教育平台，充分研究所面对的问题，从技术、政策等角度科学地解决问题，科技带来的效益才能充分发挥。

其次，教育资源体系化共享化。教育数字化利用新的技术手段，快速高效地把分散的优质教育资源聚合起来，在突破时空限制的基础上实现跨学校、跨区域、跨国家的传播分享，从而不断扩大优质教育资源的覆盖面，消除教育发展不平衡不充分的"数字鸿沟"。如基于慕课的线上线下协同的教学模式，促进了高校新型办学模式的发展，使多所高校的广大学生能够跨校接受优秀名师的教学、共享优质慕课资源，推动高校办学模式逐渐向数据化、系统化、共享化发展。

最后，基本公共教育的标准化优质化。健全教育数字化标准规范体系，从顶层设计层面构建统一、标准、规范的管理、运行、监督体系，让数字教育的发展更加规范有序、更好共建共享，更加聚焦对深度融入智能化技术后带来的模式创新和实质性效果的评价等。数字技术、智慧应用助推义务教育领域教育公平和整体质量提升，充分利用发达地区优秀师资与课程优势，打破时空限制，将优质慕课、虚仿实验等优质资源输送到欠发达地区。全面启动国家教育数字化战略行动，构建网络化、数字化、个性化、终身化的教育体系，推进教育高质量发展、促进教育公平。

总之，在数字时代数字技术正在全面突破时间、空间的限制，基本公共教育均等化要积极主动适应经济社会数字化、智能化、融合化发展趋势，让优质教育资源覆盖农村偏远地区和弱势群体，集聚全社会优质学习资源，搭建全民终身学习公共服务平台，满足社会成员多样化、个性化的学习需求，让人人皆学、处处能学、时时可学成为现实，让教育成为伴随每个人一生的教育、平等地面向每个人的教育、适合每个人的教育、更加开放灵活的教育，不断促进教育发展成果更多更公平惠及全体人民，以教育公平促进社会公平正义。

二、国家医保服务平台

全民医保是保障人民健康的一项基本制度。习近平总书记强调，要加快建立覆盖全民、城乡统筹、权责清晰、保障适度、可持续的多层次医疗保障体系。[①] 为实现基本医疗资源均等化，促进就医结算报销便捷化，医保信息化已经应时而生，迅速发展。

1. 基本发展历程

2018年4月，在福州举行的首届数字中国建设成果展览会上，人力资源和社会保障部签发首张全国统一的电子社保卡，标志着社保卡线上线下全面打通，社保卡多元化服务生态圈已形成。2019年2月，电子社保卡"扫一扫"可以快捷登录多地的政务服务门户网站。同年3月，社保待遇资格认证功能上线，老年人在家就可以完成认证。同时，移动支付功能上线，多地开通了扫码就医购药服务。2020年5月，跨省异地就医结算查询服务作为第一个国家医保公共服务，在国家医保服务平台网站开通上线，提供全国医保经办机构咨询电话等信息查询服务。同年12月，国家医保服务平台网站正式开通了跨省异地就医全国自助查询服务。2022年，我国已经建立了世界上最大的基本医保网。3月，人力资源和社会保障部和国家医疗保障局"总对总"通道正式开通，支持电子社保卡和医保电子凭证在就医购药领域并行使用。2022年2月底，全国所有统筹地区均可通过国家异地就医

---

① 《国务院办公厅关于印发"十四五"全民医疗保障规划的通知》，中国政府网，https：//www.gov.cn/zhengce/content/2021−09−29/content_5639967.htm。

备案微信小程序和国家医保服务平台 App，实现跨省异地就医线上备案。[1][2]
截至2023年底，全国基本医疗保险（以下简称基本医保）参保133389万
人。[3]2024年6月，全国电子社保卡领用人数突破10亿，覆盖98%的人口。
覆盖全国所有地市，已开通全国性服务100项，所属地区服务1000余项，
累计服务超500亿人次。[4] 经过不断普及应用和发展创新，电子社保卡各项服
务功能更加便捷智能，用户体验更加舒适，平台支撑更加稳定安全。依托
全国一体化政务服务平台，电子社保卡的开放服务能力，支撑起更多的民
生服务。

为贯彻党中央、国务院的决策部署，国家医疗保障局和国家卫生健康
委员会在全面总结"十三五"时期医疗保障发展经验的基础上，会同有关
部门共同编制了《"十四五"全民医疗保障规划》（以下简称《规划》），于
2021年9月23日由国务院办公厅印发。《规划》提出到2025年，医疗保障
制度将更加成熟定型，基本完成待遇保障、筹资运行、医保支付、基金监
管等重要机制和医药服务供给、医保管理服务等关键领域的改革任务。《规
划》明确提出2021年至2025年医保事业发展的基本方向是建设"五个医
保"，即公平医保、法治医保、安全医保、智慧医保和协同医保。公平医
保强调基本医疗保障更加公平普惠，保障范围和标准与经济社会发展水平
更加适应。建立健全待遇清单制度，推进基本医疗保障规范统一，提高统
筹层次，均衡个人、用人单位和政府三方筹资责任，推动待遇保障范围和
标准与经济发展水平相适应，逐步缩小城乡间、区域间、人群间保障差距，
促进医疗保障再分配功能有效发挥。法治医保主要是完善医保法律法规体

---

① 《全国医疗保障跨省异地就医直接结算公共服务信息发布（第四十五期）》，国家医疗保
障局，http://www.nhsa.gov.cn/art/2022/3/25/art_114_8009.html。

② 《李克强总理出席记者会并回答中外记者提问》，中国政府网，https://www.gov.cn/
gongbao/content/2022/content_5679683.htm。

③ 《2023年全国医疗保障事业发展统计公报》，国家医疗保障局，https://www.nhsa.gov.cn/
art/2024/7/25/art_7_13340.html。

④ 《全国电子社保卡领用人数突破10亿》，新华社，http://www.gd.xinhuanet.com/20240615/
0991dd59329d4772b29fcb999bfc2279/c.html。

系，全面提升医疗保障政策法定化程度和依法行政的水平。统筹医疗保障立法、司法、执法、普法、守法，完善多主体协商的共建共治共享机制，推动职工和居民依法参保，对定点医药机构依法管理，规范基金监管行政执法，全社会医疗保障法治理念明显增强，法治在医疗保障治理体系中的作用日益彰显。安全医保重点是统筹发展与安全，保持基金运行安全稳健，推动医疗保障安全网更加密实。保障基金安全，强化基金监测预警，构筑严密有效的基金安全防线。保障数据安全，加强医保内部管理，完善医保信息平台，保护好群众健康数据。保障参保群众个体健康安全，基本建立防范和化解因病致贫返贫长效机制，有效衔接乡村振兴。智慧医保主要是推动医保信息化、标准化建设，推进大数据应用，实现更加精细化的管理和更加优质的服务。顺应数字经济发展趋势，明确提出全面加强医疗保障信息化、标准化建设，以建成全国统一的医疗保障信息平台为基础，普遍推广应用医保电子凭证，运用大数据、互联网、云计算、区块链等新一代信息技术，提高医保管理和服务的数字化、智能化水平，实现医保"决策数字化、管理精细化、服务智慧化"，为参保群众和定点医药机构提供更便捷的医保服务。协同医保，主要是更好地推动三医联动，建立基本医疗体系、基本医保制度相互适应的机制，实现医疗保障和医药服务高质量协同发展，强化医保基金协同监管，医保、卫生健康、公安、市场监管等部门加强数据共享，协同发力，保护好人民群众的"治病钱""救命钱"。

2. 国家医保服务平台的主要功能

国家医保服务平台是由国家医疗保障局开发的国家统一医保服务平台，为社会公众提供参保缴费、信息查询、待遇申请、业务经办等多种实用功能服务；提供医保电子凭证、移动就诊购药、医疗保障处方下载、异地就医和转移接续等就诊服务，以及提供便捷优质的线上医保服务。国家医保服务网站平台（https://fuwu.nhsa.gov.cn/）设置"我的医保""跨省异地就医结算服务查询""药品和医用耗材招采服务""单位服务""定点医疗机构查询""定点零售药店查询""医保机构查询""药品分类与代码查询"等专栏窗口。在同步上线的"国家医保服务平台"App 客户端，公众能够根据自己的需求查询医疗机构目录、医保机构目录、药品目录及参保信息、缴费记录等。国家医保服务平台 App 中的医保电子凭证实现与身份证、二维码、生物特征等关联，支持所有医保相关业务；支持全国通用，跨渠道通用。电子社保卡承载的应用越来越丰富，包括展码、亮证、扫一扫、亲情服务、授权登录等七项基础服务，40 项全国业务服务，各地还加载了更多的属地业务服务。电子社保卡移动支付已支持在 27 个省的 224 个地市就医购药扫码结算，让群众快速地享受就医服务。

3. 评析：数据智能应用倒逼公共医疗卫生服务数字化转型

医疗保险信息化建设、数字化转型是更好服务于人民的重要举措，结合互联网技术加快推进医疗保险的发展，保障和改善民生，推动医保信息化建设一直是医保工作的重要课题，关系到广大人民的福祉。[1]电子医保促进人民群众获得更多的幸福感。从智慧医院建设与应用的角度，构建起预约挂号、检查诊疗、住院取药和康复反馈一体化、在线化的医院、医生与患者沟通机制。电子医保简化报销流程，实时结算各项费用，有效简化医疗费用报销的流程，提高报销的效率；支付风险得到有效降低，医保电子凭证在激活的时候需要参保人员的实名认证，能够确保其个人信息的准确性；异地就医联网结算，极大地提升就医的便利性；减少等待时间，医院就医很大一部分时间花在排队等待上，医保实现数字化，结合移动支付，可以在移动设备上轻松实现支付等结算业务，节省等待时间、节省医疗资源、抢抓治疗时机。[2]电子医保对网络依赖较大，电子医保应该和传统医保服务协同发展，推行电子医保、智慧诊疗的同时也要注重残障人士、老年人等弱势群体，不断拓展丰富电子医保应用场景，促进卫生健康事业包容性发展。在具体制度的优化改进上，呈现全周期更全、层次更多的全景化制度特质。在医疗健康领域，坚持人民至上理念，将公众生命全周期、健康全过程、诊疗全流程作为制度设计的出发点，将基本公共医疗卫生建设、医药卫生体制改革、智慧医院管理、全面健身和社会康养养老服务体系、

---

① 刘波：《互联网时代下医保电子信息化建设的必要性》，《数字化用户》2019 年第 39 期。

② 严长春：《医院电子医保凭证应用的实践与思考》，《信息系统工程》2021 年第 11 期。

重特大疾病医疗保险和公共救助制度等纳入基本医疗健康服务制度保障体系，将制度优势贯穿基本公共服务的全方位、全过程，实现制度对基本公共服务的全景化保障作用。

三、住房公积金网

加强住房公积金信息化建设，统筹管理公积金数字化服务，让公积金"活"起来，充分发挥住房公积金制度的政策优势，更好地服务民生，是推进基本公共服务提质增效、促进共同富裕的重要内容。从"两不愁三保障"到"住有所居"的基本公共服务保障要求，让社会公众住上满意的房子，切实让群众在点亮自己小家灯火的过程中，享受到更加便捷的公共服务，温暖每一座城市。

1. 基本发展历程

住房公积金是单位及其在职职工缴存的长期住房储金，是住房分配货币化、社会化、法制化的主要形式，是城镇居民基本公共住房保障体系的重要组成部分。住房公积金制度是国家法律规定的重要住房社会保障制度，具有强制性、互助性、保障性。1992年，我国开始试点住房公积金管理制度，为加强对住房公积金的管理，维护住房公积金所有者的合法权益，促进城镇住房建设，提高城镇居民的居住水平，1999年4月，国务院颁布《住房公积金管理条例》，以行政法规形式依法保障公积金制度执行，强化住房公积金的缴存、提取、使用、管理和监督，进一步推进全国住房改革发展。我国住房公积金制度实现了从无到有，此后国务院先后于2002年、2019年对该《条例》进行了修订，对住房公积金的适用范围、机构及其职责、缴存、提取、使用、监督、罚则等作出了相关规定。进一步放开个人提取公积金用于支付住房租金，明确职工和单位住房公积金的缴存比例均不得低于5%，不得高于12%。2017年全国所有住房公积金管理中心联网运行，通过统一的平台办理住房公积金异地转移接续业务。住房公积金制度与廉租房制度、经济适用房制度一起构架起我国住房公共保障体系，住房公积金成了住房改革各项制度中惠及范围最广的制度之一。比如，2021年全国住房公积金管理中心完成五项高频服务事项"跨省通办"，通过全程网办、代收代办、两地联办三种模式，累计办理"跨省通办"业务2019万笔，有力推进了全国住房公积金服务事项"跨省通办"。

近年来，依托全国住房公积金监管服务平台建立数据共享机制，住房和城乡建设部积极推动以"总对总"方式与多部门实现数据共享，为各地提升线上服务能力提供有力数据支撑。比如，通过完善升级全国建筑市场监管公共服务平台和全国建筑工人管理服务信息平台，提高数据质量，加大信息公开和共享力度，深化平台应用。

2. 住房公积金服务平台的主要功能

住房公积金网（http：//www.zggjj.com）汇集了公积金查询、公积金建设、业务流程、政策法规、银行、房产资讯及住房公积金新闻栏目，并且集合了各省、市的住房公积金网站链接。住房公积金信息化建设实现贷款线上申请，线上线下融合，切实提升了服务质量，实现"智能办""指尖办""舒心办"，实现离休、退休人员提取住房公积金服务事项从"网上能办"向"网上好办"的转变。坚持以问题为导向，优化流程引导，增加提示信息，为用户提供以"个性指南 + 智能申报"为特征的全过程智能办事辅助服务。通过实施统一预约服务，住房公积金管理中心主动调整公积金业务预约办理规则，融合预约渠道。通过"一网通办"平台实现统一预约服务，进一步提升职工办事的便捷性和满意度。[①]2021年5月，全国住房公积金小程序上线运行，向1.64亿住房公积金缴存人提供全国统一的住房公积金线上服务渠道，实现全国住房公积金管理中心线上服务渠道互联互通。缴存人通过小程序可实现住房公积金账户、资金跨城市转移接续"一键办"，可实时查询个人住房公积金缴存、提取、贷款信息，初步实现全国住房公积金"无感漫游"。通过微信小程序查询个人住房公积金信息，办理跨

---

① 《上海市住房公积金2021年度报告》，上海市公积金管理中心，https://www.shgjj.com/html/zyxw/209280.html。

城市住房公积金转移接续，开通"跨省通办"服务专区等灵活便捷的方式，提高全国城市住房公积金管理中心间业务协同效率。

为加快住房公积金信息化建设，政府相关职能部门牵头制定出台《接入住房公积金银行结算数据应用系统接口标准》《住房公积金基础数据标准》《住房公积金信息系统技术规范》《住房公积金信息化建设导则》等政策文件和指导标准，对住房公积金信息化建设的规范性、实用性、安全性和可扩展性作出要求，避免重复建设、过度投资，确保系统安全、稳定运行。

此外，各省、市也积极推进住房公积金数字化创新应用。比如，广州领跑"智能服务"助推"数字政府"，坚持以人民为中心的发展思想，主动融入新发展格局，结合"数字政府"建设实际，聚焦聚力优化服务效能，率先在全国将OCR（Optical Character Recognition，光学字符识别）电子图像识别技术引入核心业务管理系统和手机移动端。该技术通过高效、高速、高精准度的识别技术，达到关键信息"秒响应""速读取""精准录"的效果，业务办结效率全面提升，着力解决群众反映强烈的办事难、办事慢、办事繁问题，切实为群众办理公积金业务提供了便利，开创了全国住房公积金行业先例。又如，2017年6月，"厦门公积金"客户端个人版、单位版、内审版和网页版审批平台正式上线，实现住房公积金业务"秒级"办理。通过系统整合政府部门、银行等业务信息，持续增加个人公积金提取全程网办覆盖范围，使"不见面"审批、"不出门"办理业务项目得到进一步拓展。公积金智慧化服务拓展到住房公积金网上办事大厅、支付宝、微信公众号、"e政务"自助服务终端、"i厦门"App及"闽政通"App等网上办事渠道，全面实现高效便民管用的数字服务。

3. 评析：住房公积金服务事项数智化

坚持人民至上服务导向，全面实现"一网通办"、"全程网办"和"跨省通办"是住房公积金管理数字化转型的发展方向。首先，完善城乡居民各类住房数据资源目录，完善数据共享交换平台功能，强化住有所居的数智化保障。以物联网、大数据、人工智能等前沿技术为支撑，整合城市运行管理服务相关信息系统，汇聚共享相关数据资源，提高数据汇聚、清洗、共享能力，推动数据供给、需求精准对接，提高数据共享、业务协同水平。其次，加快推进包括住房公积金服务在内的政务服务平台移动端建设，推动更多政务服务事项网上办、掌上办，不断提升企业和社会公众的满意度。最后，加快推进电子公共服务、数字服务平台的适老化改造升级。开展门户网站、政务平台适老化改造，增加语音指读、文本模式、页面放大、页面缩小、高度比度、辅助线、文件提示等无障碍浏览功能，着力解决老年人使用门户网站、政务平台遇到的障碍和困难。

四、公共文化数字化平台

公共文化数字化使承载文化资源的物理空间和物质载体打破资源约束，拓展了公共文化服务的能力和传播范围。以人化文、以文化人，是文化数字化的题中应有之义。公共文化数字化平台的建设目标是实现中华优秀传统文化数字化成果全民共享，使人民群众思想觉悟普遍提高，精神世界更加富足，文化生活更加丰富多彩。为积极应对互联网快速发展给文化建设带来的机遇和挑战，满足人民日益增长的精神文化需要，必须建设社会主义文化强国。

1. 基本发展历程

公共文化服务作为直接面向社会公众的基本公共服务，既是民生关切的焦点，也是推进经济社会文明进步的基石。公共文化服务的普惠化、均衡化更聚焦全体社会成员的精神文明生活领域。据文化和旅游部统计，"十三五"期间，我国累计建成公共数字文化资源达1274TB，内容涉及惠农、影视、文化历史、艺术欣赏、科普教育、时政信息和党建宣传等多个方面。[①]2019年9月，文化和旅游部一体化在线政务服务平台正式上线运行。

---

① 栾岚：《数字化扩容公共文化服务》，光明网，https：//m.gmw.cn/2023-12/29/content_37060363.htm。

该平台依托丰富的文化和旅游数字资源，为社会公众提供丰富的文化和旅游服务。通过实施"文化资源展馆"栏目的迭代升级，推出文化和旅游服务高频检索词的场景化导航，持续提升门户网站智能搜索、办事指南、办件公示、网民留言等功能。据统计，2023年公众通过智能搜索获取在线办事服务267.9万次，用户总数超过104.8万人次。[①] 同时，在公共文化服务方面，提供全国博物馆网站展演平台、故宫数字文物库、国图公开课、国家博物馆360虚拟参观等在线文化艺术服务，使公众足不出户即可观看展览演出，丰富了人民群众的精神文化生活。此外，围绕老年人、残障人士等特殊群体获取网站信息的需求进行适老化改造，进一步消除特殊群体面临的"数字鸿沟"，改善特殊群体的使用体验。

2022年5月，中共中央办公厅、国务院办公厅印发《关于推进实施国家文化数字化战略的意见》(以下简称《意见》)明确，到"十四五"时期末，基本建成文化数字化基础设施和服务平台，形成线上线下融合互动、立体覆盖的文化服务供给体系，重点完成八项文化惠民工程。[②]《意见》提出到2035年，建成物理分布、逻辑关联、快速链接、高效搜索、全面共享、重点集成的国家文化大数据体系，中华文化全景呈现，中华文化数字化成果全民共享。特别强调推进公共文化数字化建设的规范化、标准化，在数据采集加工、交易分发、传输存储及数据治理等环节，制定文化数据安全标

---

① 《文化和旅游部政府信息公开工作2023年度报告》，文化和旅游部，https://zwgk.mct.gov.cn/zfxxgknb/2023n/202401/t20240123_950950.html。

② 注："十四五"时期国家文化数字化建设的8项重点任务是：1.统筹利用文化领域已建或在建数字化工程和数据库所形成的成果，关联形成中华文化数据库。2.夯实文化数字化基础设施，依托现有有线电视网络设施、广电5G网络和互联互通平台，形成国家文化专网。3.鼓励多元主体依托国家文化专网，共同搭建文化数据服务平台。4.鼓励和支持各类文化机构接入国家文化专网，利用文化数据服务平台，探索数字化转型升级的有效途径。5.发展数字化文化消费新场景，大力发展线上线下一体化、在线在场相结合的数字化文化新体验。6.统筹推进国家文化大数据体系、全国智慧图书馆体系和公共文化云建设，增强公共文化数字内容的供给能力，提升公共文化服务数字化水平。7.加快文化产业数字化布局，在文化数据采集、加工、交易、分发、呈现等领域，培育一批新型文化企业，引领文化产业数字化建设方向。8.构建文化数字化治理体系，完善文化市场综合执法体制，强化文化数据要素市场交易监管。

准，强化中华文化数据库数据入库标准。构建完善的文化数据安全监管体系，完善文化资源数据和文化数字内容的产权保护措施。推行省、市、县三级公共文化服务实施标准和服务目录。

此外，在地方实践创新方面，江苏省借助全省有线数字化平台，推出了中国共产党江苏历史 VR 电视展，运用360度 VR、4K 超高清数字技术把2500多幅图片、900多件文物"搬上"电视。苏州革命博物馆 VR 电视"云"展、中共苏州独立支部数字化 IP、昆山市 VR 图书馆、扬州电视图书馆、宿迁市博物馆等，通过数字技术赋能，将一个个浓缩着文化印记的展馆、博物馆进行数字化采集保存并展示出来，让中华优秀传统文化逐步实现全景呈现。

2. 典型应用

（1）国家公共文化云

国家公共文化云是由文化和旅游部主导打造的公共文化服务产品，于2017年11月上线，旨在面向基层和公众提供看直播、享活动、学才艺、订场馆、读好书、赶大集六项核心功能的全民艺术普及云服务体系，打通公共数字文化服务"最后一公里"，提高公共数字文化服务在基层的丰富性、便利性和可选择性，实现公共文化服务供给与需求的有效衔接，提升公共文化服务供给效能。其中，"看直播"模块主要推送群众文化活动、专题讲座、艺术普及分享、展览带看、馆藏讲解展示、非遗讲解展示等视频资源。"享活动"模块主要汇聚全国性、区域性、地方性的全民艺术普及品牌活动。"学才艺"模块推出八大基础门类课程，提供在线培训、课程点播、在线直播、作品上传、互动社区等服务。"订场馆"模块主要采集、审核、发布文化和旅游公共服务相关机构、场馆的基础信息及活动信息。"读好书"构建开放式全民艺术普及图书数据库。"赶大集"模块依托全国及区域性公共文化和旅游产品交易平台，开展文化内容生产、决策咨询、公共文化设施运营与管理、第三方绩效评价、非物质文化遗产、旅游公共服务等产品交易，开发文创产品，促进艺术普及、文创消费。

（2）"学习强国"学习平台

"学习强国"学习平台于2019年1月1日上线，坚持立足全党、面向全社会，突出思想性、新闻性、综合性、服务性，围绕党中央关于理论武装的工作部署，着眼于提高广大干部群众的思想觉悟、文明素质、科学素养，丰富学习内容和资源，创新学习方式和组织形式。"学习强国"学习平台坚持开门办、大家办，发挥各方面积极性，打造内容权威、特色鲜明、技术先进、广受欢迎的思想文化聚合平台。平台包括PC端、手机客户端两大终端。作为一种多媒体呈现、多资源聚合、多技术支持的融媒体平台，[1]基于新兴网络媒体与传统媒介融合将大量优质内容组织起来的资源整合平台，具有强大号召力和优质资源传播力，以及无差别地提供学习与交流机会的优势。[2]构建了一个"有组织、有管理、有指导、有服务"的学习机制和网络平台，是适应信息化发展、数字化变革条件下全民学习、终身学习，建设学习型社会的多样化、自主化、便捷化模式。

除了诸如"学习强国"学习平台这样集合多种文化资源的平台，其他文化服务单位也在积极地实现文化数字化，如公共图书馆、文化馆、博物馆、美术馆、非遗馆等逐步建设公共数字文化资源，提升公共文化服务的到达率、及时性，增强人民群众的获得感。

3. 评析：数字技术让国家文化"活火"起来

党的二十届三中全会明确提出"加快适应信息技术迅猛发展新形势，培育形成规模宏大的优秀文化人才队伍，激发全民族文化创新创造活力"。公共文化服务的数字化转型体现了文化现代化发展的新趋势，更加体现以人为本、创新驱动，统筹规划、全民共享，中央主导、地方主责，供给发力、科技支撑的思路原则，既兼顾供给侧和需求侧，又联通资源端、生产端、云端、消费端。市场化发展的"文化数据超市"和追求社会效益最大

---

① 张田：《融媒体视域大学生党史教育创新路径研究——以"学习强国"平台为例》，《现代交际》2021年第21期。

② 刘德华：《媒介融合视域下"学习强国"对中国优秀传统文化传播的创新路径探析》，《采写编》2021年第7期。

化的"国家文化大数据体系全国中心"，使中华文化数字化成果全民共享，推动文化产品的数字化创新，提升文化服务的数字化水平，更好地助推实现精神富足。

创新公共文化服务业态。适应互联网络、新兴媒体与传统媒体融合发展要求，打造符合青少年、老年人、不同从业人群文化消费特点的新型文化业态和消费模式。发展数字创意、数字娱乐、网络视听、线上演播、数字艺术展示、沉浸式体验等新业态，让文化产品"动起来""活起来"，丰富个性化、定制化、品质化的数字文化产品供给，以数字技术全面助推文化创新发展和文化产业新业态的形成。

强化传统文化传承与保护。数字技术对优秀传统文化的转化，既有助于实现对传统文化的有力保护，又能更生动形象地展现传统文化资源，进一步提升其传播范围与传播效率。通过大数据、人工智能等技术深入挖掘传统文化，以线上线下相结合的文化数字化场景，实现文化产品与服务的个性化定制、智能化推荐，让传统文化有机融入社会生产生活。

第四章

数字化变革背景下基本公共服务均等化发展环境

数字化变革正全方位系统性改变着公共治理的理念、模式和方法，世界各国各地区在公共服务数字化创新应用领域取得长足进步，但在具体实践中，还存在数字服务战略缺乏、数字化治理能力不足、数字服务流程与模式尚未形成、数字化服务资源有效供给不足、居民数字素养较低、数字化转型伙伴缺乏、数字化转型所需文化缺失等挑战。联合国《2019年数字经济报告》指出，确保数字化转型发展连通的可负担性和可靠性，对在数字时代中创造和捕获价值至关重要，这对欠发达国家和地区而言是一项重大挑战，特别是在经济社会发展相对滞后的农村和偏远地区，需要予以重点关注。

一、"十三五"时期基本公共服务均等化发展概要

"十三五"时期是数字经济、数字化发展迅速崛起的五年，信息化发展和数字化变革正全方位、全领域、全周期影响着政治、经济、社会、文化和生态的升级转型。据中国信息通讯研究院测算，我国数字经济规模总量从2005年的2.6万亿元增长到2020年的39.2万亿元，数字经济占GDP的比重由14.2%提升到38.6%；2023年我国数字经济规模总量超过55万亿元，数字经济占GDP比重达到42.8%，其中数字经济核心产业增加值占国内生

产总值的比重达10%左右。[1][2] 特别是党的十八大以来，数字经济极大地推动了社会财富的创造和宏观经济快速增长，成为推动经济社会高质量发展的重要引擎。实现基本公共服务均等化作为国家治理现代化发展进程中必然经历的阶段性任务。其目标达成度、供给完备度、质量可靠度、服务满意度等都是衡量均等化发展水平的重要指标。

1."十三五"时期基本公共服务均等化完成情况

根据统计数据，我国"十三五"时期基本公共服务均等化完成情况整理汇总如表4–1所示。

表4–1　"十三五"时期基本公共服务均等化完成情况统计

指标	2015年	"十三五"目标		"十三五"完成情况	
		2020年	累计	2020年	累计
基本公共教育					
九年义务教育巩固率（%）	93	95	—	95.2	—
义务教育基本均衡县（市、区）的比例（%）	44.48	95	—	96.8	—
基本劳动就业					
城镇新增就业人数（万人）	1312[3]	—	＞5000	1186	＞6564（5年数据）
农民工职业技能培训（万人次）	—	—	4000	—	6326（5年数据）
基本社会保险					
基本养老保险参保率（%）	82	90	8	＞91[4]	—

---

① 王绍绍：《数实融合再加速　释放经济发展新动能》，人民网，http://www.people.com.cn/n1/2024/0812/c1004-40297148.html。

② 《中国数字经济发展研究报告》，中国信息通信研究院。

③ 数据来源：《2015年度人力资源和社会保障事业发展统计公报》，中国政府网。

④ 数据来源：《"十三五"规划〈纲要〉总结评估之28》，国家发展和改革委员会。

续　表

指标	2015年	"十三五"目标		"十三五"完成情况	
		2020年	累计	2020年	累计
基本医疗保险参保率（%）	>95①	>95	—	>95	—
基本医疗卫生					
孕妇死亡率（1/10万人）	20.1	18	—	16.9	—
婴儿死亡率（‰）	8.1	7.5	—	5.4	—
5岁以下儿童死亡率（‰）	10.7	9.5	—	7.5	—
基本社会服务					
养老床位中护理型床位比例（%）	—	30	—	40	—
生活不能自理特困人员集中供养率（%）	31.8	50	—	—	—
基本住房保障					
城镇棚户区住房改造（万套）	580②	—	2000	—	>2300③
建档立卡贫困户、低保户、农村分散供养特困人员、贫困残疾人家庭四类重点对象农村危房改造（万户）	—		585	—	>605（5年数据）

---

①　数据来源：《发展权白皮书：2015年中国医保参保人数达13.36亿》，健康界。

②　数据来源：《国务院关于进一步做好城镇棚户区和城乡危房改造及配套基础设施建设有关工作的意见》，中国政府网。

③　数据来源：《"十三五"规划〈纲要〉总结评估之28》，国家发展和改革委员会。

指标	2015 年	"十三五"目标		"十三五"完成情况	
		2020 年	累计	2020 年	累计
基本公共文化体育					
公共图书馆年流通人次（亿）	5.89	8	—	5.4	—
文化馆（站）年服务人次（亿）	5.07	8	—	—	—
广播、电视人口综合覆盖率（%）	>98	>99	—	>99	—
国民综合阅读率（%）	79.6	81.6	—	81.3	—
经常参加体育锻炼人数（亿人）	3.64	4.35	—	>5.2	—
残疾人基本公共服务					
困难残疾人生活补贴和重度残疾人护理补贴覆盖率（%）	—	>95	—	—	—
残疾人基本康复服务覆盖率（%）	—	>80	—	>88.2	—

可以看出，"十三五"时期国家基本公共服务均等化各项指标已基本完成，部分专项指标甚至超过预期目标。但有部分指标略低于预期的目标，比如，基本医疗卫生和基本公共文化体育的指标与预期目标还有差距，这其中不乏我国的医疗资源总体不足，一体推进过程缓慢等现实问题的原因。"十三五"时期我国在教育方面的投入不足、教育事业短期内难以统计成效，更加迫切需要从长远看待教育事业的投入产出效益关系。从公共服务供给的平台支撑上看，全国一体化在线服务平台在区域范围上实现了31个省（区、市）的连通，在职能范围上整合了40余个国务院部门政务服务平台，并与中央政府门户网站进行了链接。多地统筹建成全省政务服务 App。"浙里办""粤省事""皖事通""壮掌柜"等各地发布的政府办事平台，得

到了老百姓的高度赞扬。网上办事从为政务服务"锦上添花"，变成了各级政府的"必备技能"。老百姓足不出户、一周7天每天24小时，都可以通过手机轻松享受各种政务服务。

从社会保障看，"十三五"时期，通过开通人力资源和社会保障政务服务平台、国家社会保险公共服务平台、全国社保卡服务平台等全国性平台，初步形成跨平台联动、全国"一网通办"的服务格局。截至2020年底，人力资源和社会保障政务服务平台、国家社会保险公共服务平台共开通47项全国性服务，306项地方属地化特色服务，累计访问量21.4亿人次，注册用户782.2万人。开通"就业在线"国家级招聘求职服务平台，支持跨区域、跨层级开展招聘求职服务。全国持卡人数13.35亿人，电子社保卡累计签发超过3.67亿张，开通425个服务渠道，全国社保卡服务平台向社会公众提供40项全国性服务，700余项属地服务，全年累计服务次数超80亿次。

从社会保障和社会服务看，民政部通过全国一体化政务服务平台，发布了社会组织、火化证明、困境儿童、低保、志愿者、婚姻登记、收养证明七类14个共享服务接口，为各级政府政务服务事项办理提供数据查询和核验服务3550万余次。加强数据汇聚分析和创新应用，建设民政"数据海"，汇聚25类民政内外部政务数据6.53亿条。在业务协同体系建设方面，搭建金民工程应用支撑平台，为七大业务系统提供统一的应用支撑，完成金民工程门户、数据、业务功能等软件集成工作，初步形成"大平台、大系统、大数据、大服务"的业务框架体系，实现民政业务应用间的系统耦合、相互支撑、融为一体。2020年，依托民政一体化政务服务平台统筹整合各类民政业务系统及数据资源，实现与国家平台互联互通，通过规范政务服务事项、优化政务服务流程、融合线上线下服务、推广移动政务服务等举措，推动民政政务服务跨地区、跨部门、跨层级协同办理和数据共享。围绕基本民生保障，深入开展基于互联网的社会救助、儿童福利、救助寻亲、残疾人福利应用。推广应用全国社会救助信息系统，对接公安、扶贫办、住房城乡建设、金融、市场监管等部门的人口、收入和财产信息，不断提高社会救助对象认定准确性。

从基本公共财政均等化保障体系建设上看，财政部加强业务协同体系建设，搭建全覆盖、全链条的直达资金监控系统，将实行直达机制管理的资金（包括直达资金和参照直达资金）全部纳入监控范围，建立资金台账，跟踪资金从财政一直到最终受益企业和个人使用端。截至2020年底，第一批16个实施地区基本实现预算管理一体化系统在省本级和部分市县上线运行，并与全国预算管理数据汇总系统连通，按日上传预算管理数据；第二批21个实施地区大部分已经开展系统建设，在省本级和试点市、县实现项目库、预算编制等模块上线，初步实现了预算管理主要业务环节的衔接贯通，以及上线地区财政部门的业务协同和数据汇聚。

2. 部分地方政府推进电子政务公共服务实践辑要

党的十八大以来，各级政府推进"放管服"改革，推动公共服务和政务服务数字化转型方面积极探索，以"一网通办"为代表的政务服务改革和系列创新机制有力促进了基本公共服务均等化发展。同时，针对我国地区间基本公共服务均等化发展差异，以及公共服务供给和发展不平衡不充分的现实状况。各地积极推动数字政府和一体化政务服务平台建设，聚焦提升电子政务公共服务体验，以数字赋能政务服务一体化，改革基本公共服务供给机制和模式，坚持问题整改与优化服务"双向发力"，强化数字赋能和机制创新"双轮驱动"，推动公共服务从"能办"向"好办"转变，切实改善基层政府部门公共服务职能和服务水平，取得了显著的成效，提升了人民群众的获得感、幸福感。

北京市持续提升政务服务创新能力，以"十统一"为支撑打造政务服务总门户、总枢纽，完善覆盖四级的市网上政务服务大厅。持续推进"一门、一窗、一网、一次"改革迭代升级，线上线下办事便利度不断提升。市级60个部门全部政务服务事项进驻政务服务大厅，设立综合窗口2.5万个，"一窗"综合受理率达到100%。建成市、区、乡镇（街道）、村（社区）四级网上服务体系，除涉密等特殊情形外，市、区两级政务服务事项"全程网办"率达到100%，国务院一体化政务服务能力评估连续4年全国领先。5年来减事项超过60%、减时限71%、减材料74%、减证明超过320

项。"一件事一次办"集成服务成效明显。新生儿出生、义务教育入学、餐饮店开办等62个"一件事"场景实现一次申请、并联办理、一次办结，不断满足企业群众多层次、多样化办事需求。2024年以来"一件事"月平均办理量超48万件，特别是在全国率先推出演出、赛事、会展三类大型活动"一件事"集成服务，时间、材料平均压减81%和40%，已有141项活动获益。①

天津市聚焦"一门一网一线"服务，健全市、区、乡镇（街道）、村（社区）"三级中心、四级服务"体系，市、区两级政务服务中心90%以上事项及"高效办成一件事"重点事项实现综合窗口"一窗"服务；依托市一体化政务服务平台，网上办事大厅提供8.5万个政务服务事项办事入口；迭代升级"津心办"App，超过1560个高频事项实现掌上办理；"12345"热线与110报警服务台、"12393"医保服务热线等群众常用热线电话组建天津市"热线联盟"，推进企业群众诉求"一线应答"。始终把"高效办成一件事"作为全市优化政务服务、提升行政效能的重要抓手，推动模式创新。天津市水电气网联合报装"一件事"改革入选国家政务服务平台"高效办成一件事"典型经验案例库，新生儿出生"一件事"办理覆盖全市七成以上新生儿家庭；市、区两级新增203个"一件事"场景，会展服务、大件运输、涉路施工、涉农服务等"一件事"彰显天津特色。努力实现办事方式多元化、办事流程最优化、办事材料最简化、办事成本最小化，最大限度利企便民。②

上海市以"一网统管"建设统领"一屏观全域、一网管全城"，自2018年以来始终坚持业务创新，强化技术支撑，推动"一网通办"改革向纵深发展，地方在线服务能力指数全球领先。目前"一网通办"个人实名

---

① 《打造国际一流政务服务体系　北京市区两级政务服务事项"全程网办"率达100%》，北京市发展和改革委员会，https://fgw.beijing.gov.cn/gzdt/fgzs/mtbdx/bzwlxw/202407/t20240726_3760094.htm。

② 《市政务服务办聚力推动"高效办成一件事"改革走深走实》，天津市人民政府，https://zwfwb.tj.gov.cn/sy/gzdt/202412/t20241210_6802052.html。

用户累计超8456.3万人，法人用户累计达394.2万；"一网通办"平台接入事项累计达3737项，累计办件超过5.78亿件；2024年日均办事41.96万件，2024年全程网办率83.16%。"一网通办"政务服务"好差评"好评率达到99.95%。聚焦企业群众办事急难愁盼问题，努力实现群众"足不出户能办事、跑路最多只一次"的工作目标，累计将249个公安政务服务事项接入"一网通办"平台，其中144个事项实现了全程网办，年均办件量达到2300余万件。打造"随申办"移动端超级应用，提供个人办事、法人办事、主题服务、便民服务、利企服务等办事服务以及一件事一次办、长三角无感漫游、在线开具证明等专栏服务，实现了服务人群全覆盖、重点领域全覆盖、高频服务全覆盖。月均访问总量5.9亿人次。线下推行"两个集中"和"综合窗口"，部署3400多台自助服务终端，实现区级行政服务中心和街镇社区事务受理服务中心全覆盖，切实让企业、群众"少跑腿、就近办"。"一网通办"还升级了"国际版"，以更好服务外籍人士，截至目前，页面总访问量突破190万人次，其中英语版访问量达到130余万人次，其余语种访问量均呈逐月增长态势。[1]

浙江省加快推动政务服务事项标准化、结构化和数字化。从2014年"四张清单一张网"改革的提出，到全天候政务服务线上平台"浙里办"的上线，以省域"一网通办"实现全省事项统一办事指南、办理流程、表单材料，有效破解属地化管理的传统限制，以原有审批权限为基础，以统一收件、精准分办、远程审批为核心开展全省政务服务。截至2024年5月底，全省20余万政务服务事项标准化为3638个，已接入"一网通办"事项3093个，占总数比例达85%。围绕"业务流程再优化、表单材料再精简、数据共享再提升"，全省材料共享率分别由15.5%提升至25.4%。其中，高频事项字段达72.3%、材料共享率达56.8%，从而办理业务的社会公众、企业等每年可少填约6.1亿项表单字段、免交6990.8万份申报材料，助力公众和企业"多做选择题、少做填空题"。截至2024年5月底，作为浙江政务服务

---

① 吴越：《提供精准服务　上海"两张网"问需于民服务于民》，人民网，http://sh.people.com.cn/n2/2024/1015/c138654-41008237.html。

网的手机客户端应用"浙里办"注册用户超过1.2亿人，日活跃用户量超过300万人。基于服务对象视角，在"网上办、掌上办"的基础上，推动40个多部门共享数据、协同业务，实行"一表申请、一套材料、一次提交、一次办结"，推动业务的部门化特征向整体化特征转变，大力提升社会公众、企业的业务办理满意度。如"新生儿出生一件事"从改革前涉及全省4个业务条线，有70余套业务标准，到全省实现一套办事指南、一套业务流程、一套表单材料。[①]

重庆市加大民生投入力度，持续实施民生关切的实事，一批老百姓的身边事、烦心事得到解决。以"打破部门封闭，融合业务系统"为突破口，融合全市政务数据资源，建成"渝快办"一体化在线政务服务平台，总用户数2637万人，2024年累计办件量1870520件，接入政务服务事项2885项、应用49项，支撑服务全程网办率达77%、"最多跑一次"率95.6%、群众满意率99.98%。围绕企业、个人重要阶段高频需求，将关联性强、办理量大、办理时间相对集中的167个单一政务服务事项，归集为47件"一件事"，为企业和个人提供主题式、套餐式服务，办件量占总量的75.3%。从数据上看，已整合195项高频政务服务事项，联通101个业务系统，汇聚数据7900项、应用电子证照53类，数据共享调用超过1300万次，"一件事一次办"日活跃用户数突破10万。从内容上看，已上线的"一件事"套餐涵盖了新生儿出生、入学、就业、婚育、住房置业、社会救助、就医、退休、"身后"等个人全生命周期的9个应用场景35个事项，以及企业开办、企业准营、生产经营、企业注销等企业全生命周期的8个应用场景40个事项。[②]

四川省切实保障和改善民生，全省财政民生支出占比稳定在65%以上，在教育、医疗、社保、住房等群众急难愁盼问题上加大改革力度。2024年，全省统一的一体化政务服务平台、四川政务服务网和移动应用品牌"天府通办"基本建成，一体化平台累计对接了34个省直部门自建系统88个、29

---

① 窦皓：《"浙里办"提升综合服务水平》，《人民日报》2024年7月17日。
② 《"一件事一次办"成重庆政务服务"标配"》，重庆市人民政府网，http://wap.cq.gov.cn/ywdt/jrcq/202401/t20240129_12872537.html。

个国家部委垂管系统81个、24个市级部门自建系统244个。3408项政务服务事项实现网上可查可办，274类电子证照共享共用，推出个人从出生到"身后"、企业从设立到注销、项目从立项到验收三个全生命周期60项"一件事一次办"，311项事项实现"川渝通办"，近400余项服务可通过"天府通办"App掌上办理，主动向企事业单位和公证机构开放数据集6.9万个，数据总量31.1亿条。加强"一网统管"深化"一网通办"，推动"单一事项供给"向"综合场景服务"转变，以数据开放共享为着力点，充分发挥数据基础资源和创新引擎作用，通过业务、技术和数据融合，聚焦"惠民、兴业、优政、善治"打造多跨协同应用场景，切实提升政府管理服务水平，增强数字应用服务效能。[①]

云南抓建设谋发展，着力推进政务服务标准化，制定实施部门权责清单、政务服务事项清单、行政许可事项清单、行政审批中介服务事项清单、告知承诺制证明事项清单，不断夯实"跨省通办"基础。2024年已实现204个事项全国"跨省通办"、190个事项西南地区"跨省通办"、165个事项泛珠区域"跨省通办"，通过改革引领和数字赋能双轮驱动，让"数据多跑路、企业和群众少跑腿"，便利企业和群众异地办事。紧盯线上办事"一网通办"，线下办事"只进一门"，推进事项网上办、掌上办、一次办，推动全程网办、好办易办。2024年全省政务服务事项网上可办率达99.48%，全程网办率达85.52%。协调建成政务数据直达系统和专区，与国家政务数据共享平台对接的64个数据接口全部联通，推动系统互联互通、数据实时共享、业务协同办理。以"高效办成一件事"为抓手，迭代升级政务服务。规范办事服务，在全国率先推行市、县两级政务服务大厅进驻事项负面清单，目前事项进驻率达97.36%。督促按照统一发布的办事指南提供办事服务，"最多跑一次"事项占比达95.67%。比如，新生儿出生"一件事"，跑动次数由6次压减为0次、环节由29个压减为2个、办理时限由44个工作日

---

① 《以数字化转型工程重塑数字经济发展内核——四川省加快数字经济高质量发展的实施意见》，四川省发展和改革委员会，https://fgw.sc.gov.cn/sfgw/zcjd/2024/12/11/d545f72b4b04454180db54ae1d992239.shtml。

压减为最多 12 个工作日、材料由 20 份压减为 6 份。以改革引领和数字赋能推动模式创新，推动办事方式多元化、办事流程最优化、办事材料最简化、办事成本最小化，最大限度利企便民。[①]

二、基本公共服务均等化数字化转型的现实困境

从政府数字化转型的目标导向、问题导向和服务导向分析，政府数字化转型面临着"技术的偏差、责任的落差、隐私的威胁、数据的独占和文化的冲击"等多重风险。[②] 进一步考察数字政府形态下的组织和制度运行体系，政府数字化转型在管理体系机制建构、制度建设、标准规范、评价机制、绩效考核和多元合作等方面均存在不足。[③] 此外，随着信息化发展、数字化变革的不断深化，涉及的政府信息资源、政务数据资产、网络安全、信息安全和公共服务清单等，还存在痕迹形式主义现象、转型速度与资源不匹配等问题。

1. 基本公共服务均等化数字化转型的"硬"障碍

基本公共服务投入不足是导致人民日益增长的美好生活需要和不平衡不充分的发展之间的矛盾的重要原因。[④] 由于信息基础设施建设的地区间差异，不同地区间数字化公共服务建设的基础条件存在不小的差距，基本公共服务数字化势必会加剧地区间的发展不平衡问题。尤其是城乡基本公共服务均等化面临的在农村地区基本公共服务供给总量不足、供给绩效缺位、供给质量失衡等方面的现实困境。[⑤] 在决胜脱贫攻坚的历史性成就基础上，

---

① 岳晓琼：《政务服务迭代升级利企便民可及可感》，《云南日报》2024 年 12 月 2 日。

② 张成福、谢侃侃：《数字化时代的政府转型与数字政府》，《行政论坛》2020 年第 6 期。

③ 文宏：《基层政府数字化转型的趋势与挑战》，《国家治理》2020 年第 38 期。

④ 梁向东、梁朋：《推进基本公共服务均等化实现经济社会协调发展》，《中国党政干部论坛》2019 年第 9 期。

⑤ 李曼音、王宁：《城乡基本公共服务均等化的现实困境与纾解》，《人民论坛》2018 年第 7 期。

关于建立健全完备的学前教育、义务教育、医疗卫生诊疗与救助，普及高中教育的需求尤其迫切。从国家治理现代化的角度审视城乡基本公共服务的供给与需求均衡发展问题，在一定程度上还存在城乡基本公共服务均等化水平与地方经济发展水平不成正比，城乡公共文化与公共安全非均等化问题。[①]

影响基本公共服务数字化转型还有一个重要因素，即基本公共服务供给标准化规范化的政府绩效考核评价制度。[②]这种自上而下、任务式完成的政绩考核对社会公众的实际需求关注度、响应性的不足，在一定程度上造成对基本公共服务供给资源调配的不够精准，降低公共财政支出的质效，甚至导致政府作为主要供给者的公共服务成本增加。如何充分运用数字技术优化现行公共管理政绩考核评价制度，化解人民群众需求与政府投入成本间的平衡是基本公共服务数字化转型的现实难题。

2. 基本公共服务均等化数字化转型的"软"障碍

由于数据资源的生产者、使用者和管理者囿于各自的管理范围不愿开放、不敢开放，相关部门与个人难以协同、难以参与其中。公共服务数据在开放共享方面尚缺乏数据权属、数据安全、协同创新等方面的相关机制，以致实践中数据在纵向管理服务部门难以流通，在横向业务系统之间无法共享。数据采集、使用缺乏相应的规范标准，数据流通缺乏互操作的接口标准，业务协同缺乏流程规范，导致纵向行政审批和横向政务服务融通存在更多更大范围的"信息孤岛""数据壁垒"。这些"孤岛""壁垒"可能进一步放大不同区域、不同群体、不同个体间公共服务效率和质量的对比度，加剧社会公众对公共服务可及性和可享性方面的不公平感，还可能进一步加剧残障人士、老年人等弱势群体的数字劣势。

---

① 张晖：《国家治理现代化视域下的城乡基本公共服务均等化》，《马克思主义理论学科研究》2018年第6期。

② 钱振明：《新时代基本公共服务体系的现代化发展：基于均衡性和可及性的考察》，《中国行政管理》2023年第10期。

3. 基本公共服务均等化数字化提供结构性失衡

基于城乡"二元结构"的居民社会保障和资源配置机制在一定程度上制约了基本公共服务均等化的发展。[①] 这种城乡二元化的结构导致基本公共服务供给短板效应被放大，涉及居民关切的人均社会保障和就业支出、人均住房保障支出、人均住房建筑面积、房价工资比、最低工资标准、城市居民最低生活保障标准、城镇登记失业率、城镇职工基本养老保险覆盖率、城镇职工基本医疗保险覆盖率等具体事项上差异性矛盾越发凸现。[②]

化解基本公共服务非均衡供给矛盾，要细化到以村（社区）为基本单元对基本公共服务供给均等化状况、受益主体、获取程度进行量化分析，即进一步深化基本公共服务指标体系和识别度量。聚焦需求均等、服务普惠目标，通过建立健全国家基本公共服务标准体系，以标准化促进基本公共服务均等化与普惠化。比如，当前社会公众关切的义务教育公用经费保障标准、国家助学金标准、城乡居民基本养老保险补助标准等精准化设置问题。受发展不平衡不充分的制约，导致基本公共服务相关信息的收集、整理、核对等服务效率较低，因信息不准确、不充分、不全面而导致社会公众对基本公共服务产生不公平的感受，都直接影响基本公共服务满意度和政府信任感。[③]

三、基本公共服务均等化数字化转型的变革要求

"十四五"时期，面对新形势、新挑战，要缩短区域间、城乡间、人群间基本公共服务的差距，实现均等化数字化措施成了现实选择。"十四五"

---

① 玲梅：《关于我国地方政府基本公共服务均等化的问题研究》，《劳动保障世界》2018年第12期。

② 王伟：《我国东西部地区基本公共服务均等化实现水平的调查研究——以深圳、厦门、桂林为例》，《发展研究》2020年第4期。

③ 李淑芳、熊傲然、刘欣：《推进基本公共服务均等化的三重困境与破解之道》，《财会月刊》2022年第8期。

公共服务规划指出"新一轮科技革命深入发展，大数据、云计算、人工智能、物联网、区块链等新技术手段涌现，科技助推公共服务发展能力越来越强"[①]。"十四五"时期基本公共服务均等化发展的数字化机遇随着数字化时代发展为解决基本公共服务均等化挑战应运而生。当今数字化变革向纵深发展，敏锐抓住基本公共服务均等化发展借用数字化方式所带来的历史机遇，对"十四五"时期基本公共服务均等化高质量发展具有重要意义。2021年，国务院发布《"十四五"数字经济发展规划》强调要持续推动基本公共服务供给数字化转型。2022年国务院发布《"十四五"公共服务规划》明确指出，要持续推动基本公共服务供给数字化，保证基本公共服务普惠均等，促进城乡间平衡发展。

1. 基本公共服务供给与需求精准匹配、精准施策

基于数字化、智慧化应用将基本公共服务发展状况更加直观地实时可视化展示，确保对基本公共服务面临的机遇和挑战能及时准确识变、科学应变、主动求变。面对信息化发展、数字化变革引领的经济社会发展新方位。数字基础设施的建设是基本公共服务均等化的基础保障。据工业和信息化部相关统计数据显示，截至2023年底，我国5G基站数量达到337.7万个，5G移动电话用户数达8.05亿户，其行业应用已融入74个国民经济大类。全国网络基础设施已经全面支持IPV6。[②] 通过实施智慧城市、数字城乡和智慧服务建设推进基本公共服务提质增效。例如，浙江省德清县依托17个图层、232类数据的数字乡村底图探索乡村治理可视化，借助6大类、534个感知设备的物联感知网挖掘乡村散落数据，加之数据共享应用，实现了实时提供便民服务、掌握村情民意、预警处置事件的智能化乡村治理，充分体现了数字经济治理的精准性、协调性和有效性。[③]

---

① 《关于印发〈"十四五"公共服务规划〉的通知》，中国政府网，http://www.gov.cn/zhengce/zhengceku/2022–01/10/content_5667482.htm。

② 《数字中国发展报告》，国家数据局。

③ 沈文玮：《以数字经济助推共同富裕》，《光明日报》2022年2月23日。

2. 基本公共服务均等化平滑衔接共同富裕

在解决绝对贫困历史性问题后，在由决胜脱贫攻坚迈向共同富裕的发展改革的进程中正在同步叠加经历经济社会数字化转型的变革机遇期。全面实现基本公共服务均等化和公共服务普惠可及是共同富裕的本质要求与重要组成部分，也是推进共同富裕的里程碑式标志，更是衡量共同富裕完成程度的基本维度与判断标准。因此，共同富裕建立在基本公共服务普及、非基本公共服务普惠和生活服务高品质的基础上。共同富裕的目标指向富裕，评判标准和条件是共同，即均等化、普惠化，促进社会公平正义。

3. 普惠服务、高品质生活服务场景化创新

城乡和地区发展差距是制约共同富裕的最大堵点和痛点。究其原因，时空限制、资源约束和地方保护等是主要症结。经济社会数字化转型，基本公共服务数字化改革就是要求依托数字化平台、互联网络和移动互联网，以公共服务设施、公共服务资源的精准配置为目标，重构社会化分工合作体系，打破城乡和地区发展的固有束缚，促进均衡发展。基本公共服务数字化、智慧化应用能够让民生关切事项的办理更加方便快捷、优质高效、安全可靠，实现"一键预约，内部扭转，最多跑一次"，助推基本公共服务降低门槛，提质增效。

比如，充分就业是实现共同富裕的前提和基础。新的数字平台正在重塑社会就业结构，除了新增大量与数字技术研发和应用相关的高技术岗位外，数字平台的广覆盖、高聚合功能，还实现了分散生产和个性化需求的快捷对接，出现了贴近消费的社区微工厂、物流配送的快递员等大量新业态、新岗位，这些岗位相对来说就业门槛低、需求量大、工作方式灵活，为广大劳动者开辟了机动灵活、平等多样的就业创业选择。在基本公共服务均等化数字化变革的过程中，各个服务领域将催生出新的产业，新产业融合发展又将催生新的产业，达到正向反馈效果，推动新产业新业态新模式新发展。

4. 公共服务数据资产化与要素化的双轮驱动

数字技术与基本公共服务的深度融合将会产生海量数据，以数据为着

力点优化基本公共服务体系与架构，以用数据决策、用数据服务、用数据创新的现代化供给模式，助力基本公共服务向优质均衡发展。2024年9月，中共中央办公厅、国务院办公厅印发的《关于加快公共数据资源开发利用的意见》提出，加快公共数据资源开发利用，充分释放公共数据要素潜能，推动高质量发展。通过对公共服务数据的深入挖掘与分析，政府不仅可以利用数字技术带来的大数据画像全面、直观地了解公众的需求和偏好，而且还可以探索新的服务模式和手段，优化资源配置，提高服务效率和质量。比如，通过对社会公众交通出行数据的跟踪分析，掌握不同时段的交通信息及特点，从而有针对性地优化交通管理和公共交通服务；同时，通过公共服务数据的监测和评估，实现对公共服务的质量和效果进行实时跟踪和评估，对存在的问题进行及时改进，对未来需求和趋势进行预测。数据驱动的基本公共服务更能扎根社会公众，更具精准性、便捷性、公平性与普惠性，充分保障公共服务供给质量。

第五章

迈向现代化的基本公共服务数字化体系框架和衔接关键

党的二十大提出，以中国式现代化全面推进中华民族伟大复兴是新时代新征程中国共产党的使命任务。习近平总书记指出，到2035年，全体人民共同富裕取得更为明显的实质性进展，基本公共服务实现均等化。[①] 中国式现代化是全体人民共同富裕的现代化，基本公共服务均等化是实现共同富裕的必然要求与着力点。在经济社会转型发展和公共治理数字化变革背景下，数智赋能基本公共服务均等化、普惠化的实践要求首先要回答好深化公共服务改革数字创新应用什么、如何实现的问题，以及如何提升基本公共服务供给与需求、输出与获取、责任与绩效等关键要素的契合度。加快电子公共服务建设、推进基本公共服务数字化将有力保障国家基本公共服务实现均等化。

一、数字政府背景下数字化基本公共服务体系的逻辑框架

有关数字政府理论和实践，为构建数字化基本公共服务体系奠定了基础，其核心理念在于——围绕"以人民为中心"发展要求，以信息化、数字化的方法、工具和手段使政府部门精准掌握公众公共服务需求、汇聚公

---

① 习近平：《扎实推动共同富裕》，《求是》2021年第20期。

共服务数据、提供便捷公共服务，更好地满足人民群众对美好生活的追求。

通过对以往基本公共服务均等化的信息技术和数字化创新应用的梳理，尤其是针对基本公共服务的各项任务模块在数字化应用方面的分析，在对基本公共服务的基本内容、范围和具体事项的规范化、清单制科学准确界定之后，以网上办理、在线服务、移动服务等电子政务公共服务创新应用，成为提升政府部门公共管理能力、改善公共服务水平、扩大公共服务覆盖范围、提高公共服务效能的重要途径，数字技术赋能基本公共服务均等化高质量需要从供给主体、动因、内容、方式和绩效等方面驱动公共服务运行机制、供给模式、获取方式进行优化，还包括运用数字技术、数字资源、数字工具对政府治理进行全方位的改革创新，如政府治理的结构、模式、功能，以及流程、制度、政策、工具等。

数字政府背景下的基本公共服务均等化系统不仅在调控公共财政资金投入均衡方面发挥重要作用，在基本公共服务模块均等化数字化创新及应用上也非常关键。可以看出，基本公共服务数字化之后，很多服务走上互联网，降低了服务的门槛，扩大了服务覆盖面，也提高了服务的经济和社会效益，形成良性发展。一方面促进公共服务本身的发展，逐步推动均等化；另一方面也让基本公共服务的供给更有质量，形成精准供给。通过基本公共服务均等化系统平台，基本公共服务建设情况以及运行情况的及时反馈，对下一步的资金投入形成数据决策支撑，不仅能促进实现基本公共服务的精准供给，也会促使基本公共服务均等化形成一个良性循环。

数字政府背景下基本公共服务均等化的实现，为未来共同富裕和普惠服务筑牢社会发展基础，在数字技术赋能公共服务高质量发展过程中，着重从理念、组织、价值和路径四个层面考量设计数字化基本公共服务体系框架及其数字化转型进路。

1. 理念层面——人民至上、系统集成

公共治理和基本公共服务数字化转型的本质是通过数字技术组合赋能，为服务型政府提供更行之有效的实践途径，以及更贴近公众的获取渠道。这就要求数字技术赋能建立在以人民为中心的"人民至上"（或者说"用

户至上")服务理念和服务导向之上。推行"以公众为中心"的治理理念变革是政府数字化转型的基本思路。[①]核心理念是要求不断改革公共部门职权运行方式，充分注重为公众提供个性化、便捷化、定制化的数字服务。简言之，要以用户为中心开发设计政策体系和政策措施，而不是以公共服务职能分工为中心。政府的信息化与电子政务建设不仅提高政府自身的运行效率，还要充分体现公共治理的价值实践，尤其是主动应对数字经济、智慧社会、网络空间带来的挑战，以及数字资产和信息资源在生产生活、新兴业态的治理变革中的要求。

公共管理数字化转型的过程既包括将传统线下公共事务治理轨道转换至线上治理轨道的技术性操作环节，还包括基于数字技术实现业务、流程、数据向数字化平台的变革性转移。以政府数字化、智能化发展推动便捷、高效的公共服务，提升基本公共服务供给效率和公平性，有效破解区域间公共服务非均衡发展问题。公共管理数字化转型是运用数字技术、数字资源、数字工具对政府治理进行全方位的改革创新，包括政府治理的结构、模式、功能，以及流程、制度、政策、工具等。数字技术赋能公共服务均等化的顶层设计主要考虑公共服务公平可及、公开有效，要求全面涵盖提供模式和获取方式、数字服务思维、数字化精准服务、服务流程再造、数字服务标准框架等，从供给主体、动因、内容、方式和绩效等方面推进基本公共服务均衡发展。

图5-1展示了数字政府建设与基本公共服务供给模式转变的主要思路，其中互联网思维、大数据应用、数字化治理带来了服务理念、供给方式、精准服务、流程再造和绩效评价方面的改革创新。在传统公共服务向数字服务、电子公共服务转型的过程中，其动力机制、多元主体、供给内容、供给方式和供给绩效也随之发生了全方位、全领域的变革。因此，在数字化转型背景下基本公共服务均等化、普惠服务和高质量生活服务业态的变迁将影响公共治理和新公共服务改革的全过程全环节，如表5-1所示。

---

① 联合国经济和社会事务部：《2016年联合国电子政务调查报告》，2016年。

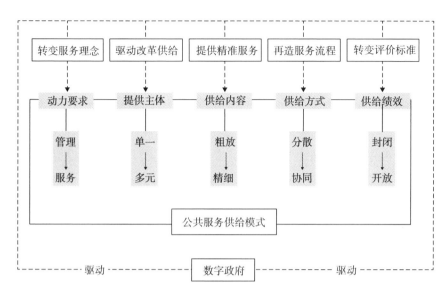

图5-1　政府数字化转型促进基本公共服务供给模式与获取方式改革创新

表5-1　数字化转型背景下的公共治理态势变迁

服务环节	传统行政管理	数字化公共治理
服务形态	固定	流动
提供渠道	线下	线上线下一体化
提供平台	部门化	平台化
服务流程	线性	整体＋网络
运行环境	实体	虚拟＋实体
场域空间	受时空约束	超越时空

　　在公共管理走向公共治理的全球实践进程中，"数字治理""智慧服务""数字政府"等成为公共管理领域新兴的理论和实践课题，尤其是关于整体性重构、基于需求的一体化服务和数字化变革等变革创新思维和方法，对政府的治理能力和治理水平提出了全新的更高要求。数字技术赋能公共治理要充分吸收借鉴关于"数据＋算法＋算力"的数字化思维和方法，并演绎到公共治理的具体实践中。

　　数字时代的数字治理、数字服务和数字化生存实践与探索，对服务型政府的影响直接而深远，需要对政府公共治理的认知、理念和范式进行革命性转向。因为数字化、信息化和智能化带来了认识、认知的极大丰富，有利于更加全面、及时、准确地把握事项和行动的全过程各环节。即所谓的"一屏观天下，一网管全城""一网统管""一网通办"等数字化监管与服务体系，很好地解决了这种认知及其实践的整体性把握。表面上是数字技术赋能带来的影响和改变，其核心根源在于从认识、认知基础层面的深刻转变。基于认知基础、认知业态和认知网络的转向，公共管理的理念、方法及范式也发生了相应的变革，如"解构化""非空间化""形式的松动"等。通过数字技术赋能主要从合理分配公共财政转移支付和财力资源，拓展基本公共服务供给与获取模式和渠道，创新基层协同治理和多元参与机制等方面，推动基本公共服务提质增效，纾解基本公共服务均等化差距。数字技术驱动下的治理变革不仅是组织的决策、平台、结构及流程的迭代和重塑，也是公共领域价值和概念内涵的同步演化。[①]

2. 组织层面——统筹整合、协同推进

从基本公共服务职能的提出到基本公共服务均等化目标的确定，回顾其实践历程和演进路径，总体上经历了体系探索与构建、标准制定与推行、服务质量提升三个重要阶段。与之相对应的组织领导体制方面也经历了不断的整合过程，正在经历着职责化、均等化、普惠化的发展走向。首先，明确基本公共服务的职责范围和组成内容，主要包括教育、劳动就业、社会保险、社会服务、医疗、住房、文化体育、残疾人服务等。时间范围主要集中于2012年至2017年。其次，形成基本公共服务的服务标准、质量要求、基本路线和推行机制。构建包括国家标准、行业标准、地方标准和机构标准在内的基本公共服务标准体系，聚焦人人平等享有的公平性原则，实现幼有所育、学有所教、劳有所得、病有所医、老有所养、住有所居、弱有所扶、优军服务保障和文体服务保障。时间范围在2017年至2035年。最后，擘画出公共服务高质量发展方向。提出高品质生活服务作为公

---

① 张毅、贺欣萌：《数字赋能可以纾解公共服务均等化差距吗？——资源视角的社区公共服务价值共创案例》，《中国行政管理》2021年第11期。

共服务高质量发展目标，从"生存"向"生活"、从"兜底保障"向"品质保证"、从"公共产品供给"向"人民需求满足"的迈进，全面解决人人满意的高品质生活服务需求。时间区间在2019年至2050年。

数字技术赋能基本公共服务均等化的政策行动机制方面，要求深化基本公共服务提供和获取模式的改革，增强对审批事项办理和公共产品服务统筹整合，建立健全基本公共服务标准体系、事项清单和规范流程。一方面，建立"系统完善、层次分明、衔接配套、科学适用"的基本公共服务指标指南，以标准化促进基本公共服务均等化、普惠化、便捷化，以均等化促进民生保障、社会治理、公平正义和共建共享整体水平。另一方面，协同推进数字政府和数字服务建设更加强调需求导向，需要利用数字技术有效处理需求和供给之间匹配关系，实现供需均衡的迭代改进。[①] 通过需求反馈、事项办理热度、政务热线等分析研判基本公共服务事项涉及的人、地、物、事、组织等信息数据的匹配程度和需求差距，为后续合理配置财政支出、公共资源，实现精准施策。[②] 可见，基本公共服务数字化转型需要改革政府部门公共管理和公共服务职能职责，完善其对应职能职责的领导体制、协作机制和运行方式，有效响应数字化、信息化背景下基本公共服务多样性、定制化的需求变化。

此外，从数字化治理的构成要件上看，数字技术赋能基本公共服务均等化还要充分整合公共事务运行中的有关数据、算法和场景三个要素，以数据为核心资源成为信息时代经济社会发展的关键生产要素，基于数据的应用和服务能够最大限度反映事项的全生命周期过程和特征。同时，基于算法的运用为资源整合、精准分配和有效供给提供可控保障。在高度整合的应用场景下，基本公共服务的均等化从公共财政投入与支出有效支配、合理配置上确保社会公众能够获得机会均等和公平正义。在由结果导向向

---

① 孙志建：《技术赋能与认知转向：理解公共管理方法数字化转型的核心机理》，《电子政务》2021年第8期。

② 马亮、郑跃平、张采薇：《政务热线大数据赋能城市治理创新：价值、现状与问题》，《图书情报知识》2021年第2期。

需求导向的转化过程中，依托不同场景服务的线性资源转换为多元互动的整体性场景服务，从而更加具备公共价值创造和提升的创新空间。

3. 价值层面——均衡发展、普惠服务

平台开放、数字服务、线上交流和精准回应等互联网优势，让公共基本服务的价值特征发生新的变化，即全方位全周期体现了人民至上、以人为本的公共价值目标。比如，在社会公众满意度评价和公共政策绩效评价方面，数字技术能使基本公共服务创新价值、公共治理效能显著提升。又如，大数据分析为政府部门提供全面、准确、快捷的财政决策支撑，尤其是涉及公共财政保障的转移支付中，通过多个年度的数据收集，运用大数据算力配置权重可以提升财政绩效。[①] 再如，针对农村公共服务呈现离散分布的状况，构建整合教育、医疗、社保、文化等基本公共服务事项的一体化数字乡村公共服务体系。

基本公共服务均等化是公共管理实践的基础性价值目标。在追求卓越管理和精细化响应的服务型政府建设中，优质高效普惠的公共服务供给是关键性的任务。数字技术赋能基本公共服务供给包括三个层面的价值考量：一是通过大数据应用和系统集成等技术提高服务效率，提供更具人性化、精准化的基本公共服务，让基本公共服务更加智能化、便利化和个性化，实现多元主体参与的空间场景重塑。[②] 二是有效控制基本公共服务成本，以网络化、在线化方式提供服务，追求以最小的成本获取最大的收益。通过多样化、智能化、定制化的技术手段，改革原有的基本公共服务供给和社会治理方式，降低治理成本。三是合理配置基本公共服务资源。构建一体化的信息资源、数据资产汇聚、分析、处理、共享和发布平台，促成服务网络的密集化，增强互联网络连接强度和透明度，有效促进了各参与主

---

① 李淑芳、熊傲然、刘欣：《推进基本公共服务均等化的三重困境与破解之道》，《财会月刊》2022年第8期。

② 张毅、贺欣萌：《数字赋能可以纾解公共服务均等化差距吗？——资源视角的社区公共服务价值共创案例》，《中国行政管理》2021年第11期。

体间资源共享和知识创新并最终实现价值共创。①② 破解区域间、部门间的"信息孤岛"和信息碎片化瓶颈，构建起政府、社会与公民间多元协作共享共治机制，以"循数治理"破解公共服务"最先一公里""最后一公里"难题。

4. 路径层面——技术驱动、场景应用

在数字技术赋能基本公共服务均等化过程中要充分发挥数据驱动的效用，数据资源作为新兴的关键生产要素在公共事业和公共服务领域同样发挥核心要素的作用。基于数据驱动的数字政府、平台政府建设旨在构建一个实时、精准、务实、高效的服务提供和问题发现机制。通过构建一体化的基本公共服务体系打通全域数据，形成以大数据、云计算、智联网和算法算力为特征的治理数字化应用场景。可见，数字技术驱动的基本公共服务供给均等化和获取便捷化将对基本公共服务绩效产生深远影响，使基本公共服务绩效和政府效能评价充分体现结果导向、数据导向和需求导向的公共治理价值追求。③

通过贯通基本公共服务各领域的数据库，打通数据之间的壁垒，形成数据互联互通、共建共享的数字化公共服务格局。在中央、省、市、县、乡的行政管理体制下，从中央层面一直延伸到社区和村组的基本公共服务并非一次性均等化分配资源，而是将均等化分配过程贯穿基本公共服务资源分配的所有层面。因此，在数字化基本公共服务体系的设计开发过程中，实现对公共服务领域所有数据收集、汇聚、分析、处理和归总，构建基本公共服务均等化网络平台，从整体上实现行政审批、事项办理、服务反馈流程中的数据交换、转接、共享。基于数据分析、数据流程、智能服务的

---

① 江积海、李琴：《平台型商业模式创新中连接属性影响价值共创的内在机理——Airbnb的案例研究》，《管理评论》2016年第7期。

② 孟庆国、谷民崇：《数据主导逻辑下的公共服务价值共创机理探究》，《理论探讨》2017年第3期。

③ Xu，C. K. and T. Tang（2020）."Closing the Gap or Widening the Divide：The Impacts of Technology Enabled Coproduction on Equity in Public Service Delivery，" *Public Administration Review*，80（6）：962–975.

公共服务供给体系意味着以数字技术、全媒体技术、人工智能技术和互联网技术为支撑的应用场景将人们从芜杂细微的具体事项中解放出来，依靠大数据、物联网、智能算法和服务定制的方法途径，从整体上改善公共服务供给的精准性和可达性，提高了公共治理效率，降低了对人力的依赖，助力实现更高水平的公共事务可治理性和治理的有效性。

公共治理的数字化旨在构建一种全新的公共管理实践场景，在这样的场景之下，基本公共服务的获取与供给之间不再是"政府作为提供者——公众作为需求者"的单向管理和服务，而是一种供需双向互动、多元参与主体间的伙伴协作关系。变革过去基于"科层任务驱动""问题求解驱动"的服务启动响应机制，转向更具交互性和灵活性的"感知可用、感知易用"服务场景，"使之可见和使之被认知"变得容易被接受，增强政府、企业和社会公众之间潜在的关联性或关联机制。另外，数字技术赋能基本公共服务构建了新型的供需交互模式，即"让数据多跑路，让群众少跑腿"的应用场景。通过"零材料""一窗式服务""一网通办、全域通办""不见面审批""实时在线自助服务"等灵活多样的创新服务，真正践行"人民至上""以人民为中心"的公共管理和政务服务优化。

二、基本公共服务均等化供给数字化转型

数字政府的建设离不开基本公共教育、基本社会保险、基本医疗卫生、基本社会服务、基本住房保障、基本公共文化体育、残疾人基本公共服务的数字化智慧化一体建设，一般公共预算支出的70%以上用于民生领域。持续推进以就业、教育、医疗、社保等为重点的民生工程，既模块化同步发力，又系统化形成整体效益。2024年，随着我国国家电子政务外网、国家数据共享交换平台等基础设施相继建成，国家政务数据共享交换体系已接入62个部门、31个省级地方和新疆生产建设兵团，累计发布各类数据资源3.2万余类，累计支撑共享调用超5400亿次，全国一体化政务大数据体

系逐步形成。在公共数据开放方面，截至2024年7月，已有243个省级和城市的公共数据开放平台上线，部分行业主管部门公共数据开放已初具规模，全国累计开放的有效数据集超过37万个，初步实现"网络通"和"数据通"。这些创新措施极大地提高了公共服务供给效率和质量，既展现了当前我国数字政府建设的成效，也体现了数字化建设正在开启政府治理的重大变革。

1. 基本公共教育数字化变革

教育公平是衡量一个国家和文明程度的基本指标。习近平总书记指出，教育公平是社会公平的重要基础，要不断促进教育发展成果更多更公平惠及全体人民，以教育公平促进社会公平正义。[①] 同时，不断扩大投入，努力发展全民教育、终身教育，建设学习型社会，努力让每个孩子享有受教育的机会，努力让14亿多人民享有更好更公平的教育。基本公共教育覆盖了学前教育、义务教育、高中教育、继续教育四大方面，旨在构建从幼儿园开始的终身教育体系。教育关系千家万户，是重大的民生工程、德政工程，《2022年政府工作报告》指出"促进教育公平与质量提升"。[②] 数字化应用于基本公共教育均等化既要解决"有学上"，也要解决"上好学"的问题，推进人口红利转变为人才红利。数字技术赋能义务教育和公共教育均等化的核心任务在于提升教育质量和水平，整体促进基本公共教育的公平正义，"办好人民满意的教育"。

数字技术和智能技术作为创新思维模式、解放思想方法，提升实践效能的重要使能力量，已经成为全方位重塑人类社会思维方式、组织架构、运作模式的关键要素。突破传统教育的局限性，数字技术赋能助力现代教育创新发展路径高质量发展，塑造发展新动能新优势，开辟发展新领域新

---

① 《习近平在北京市八一学校考察时强调　全面贯彻落实党的教育方针　努力把我国基础教育越办越好》，中国政府网，https://www.gov.cn.xinwen/2016-09/09/content_5107047.htm。

② 《李克强总理在政府工作报告中指出促进教育公平与质量提升》，中华人民共和国教育部，http://www.moe.gov.cn/jyb_xwfb/xw_zt/moe_357/jjyzt_2022/2022_zt01/gzbg/sulan/202203/t20220307_605130.html。

赛道。数字赋能基本公共教育均等化，就是要充分体现和保障新时代教育的基础性、先导性与全局性地位。围绕公平和质量这两个教育中心工作，倡导最先导的公平，义务教育优质均衡发展和城乡一体化。以标准化、均等化、法定化为既定方向，构建政府主导、覆盖城乡、可持续的基本公共教育服务体系。

数字技术赋能基本公共教育服务均衡发展，还体现在注重受教育者的个性化、多样化发展。数字教育、智慧教育更加聚焦信息时代受教育者信息素养、数字素养的培养和提升，并将之纳入教育目标。培养适应信息社会的人才，把互联网技术和信息化手段有效应用于教学与科研、注重教育信息资源的开发和利用的双重含义。[1] 比如，针对农村义务教育的基本办学条件、教学水平和质量提升工程，数字技术赋能农村义务教育提质增效的着力点在于加快推进优质均衡发展和城乡一体化，支持学校网络设施设备及传递课堂和名校网络课堂建设。更加注重支持提高农村义务教育教师教学水平，推动线上教学开展，促进优质教育资源开放共享，加快缩小城乡差距。教育部、国家发展改革委、财政部等联合印发的《关于深入推进义务教育薄弱环节改善与能力提升工作的意见》提出"改善网络设施，推动信息技术与教育教学深度融合，提升信息技术应用能力。支持学校网络设施设备以及专递课堂、名师课堂和名校网络课堂建设，更加注重支持提高农村义务教育教师教学水平，推动线上教学开展，促进优质教育资源开放共享，加快缩小城乡差距"。构建一体化的学习资源网络平台有助于促进优质教育资源共建共享、均衡供给，最大限度地支持所有学生能够获取均等的教育机会。突破区域间、城乡间差距，实现不同地区的不同主体之间、不同主体的差异需求之间能够有相对均等的获取或满足机会，是教育投资、教育机会、教育过程和教育结果的相对均等、协调、和谐。[2]

---

① 《教育信息化70年历程》，济宁医学院信息技术中心，https://itc.jnmc.edu.cn/2020/0929/c1949a115839/pagem.htm。

② 杨育智、付亚南：《社会治理视域下城乡社区教育服务均等化研究》，《湖北广播电视大学学报》2021年第2期。

教育的数字化、智慧化还要服务于一体推进教育强国、科技强国、人才强国建设的战略目标。比如，在新冠疫情期间，传统集中授课教学无法正常进行，在线教学开始大规模实践，数字资源、数字平台、数字工具全方位运用于教学中，如慕课、网课、虚拟仿真实验等。

目前，基本公共教育服务体系更加优质均衡。全国义务教育阶段20多万名建档立卡脱贫家庭学生辍学实现了动态清零，长期存在的辍学问题得到了历史性解决。连续实施特殊教育提升计划，适龄残疾儿童义务教育入学率超过95%。入学机会更加公平，义务教育免试就近入学和"公民同招"政策全面落实，优质普通高中学校50%以上的招生指标合理分配到区域内的初中，"择校热"大幅降温。高校招生向中西部和农村地区倾斜，实施面向贫困地区定向招生专项累计录取学生20余万人。营养公平纳入教育公平，全国29个省份1762个县实施了营养改善计划，每年惠及3700万名农村学生，受益学生的体质健康合格率从2012年的70.3%提高至2021年的86.7%，农村学生健康状况有了根本改观。学前教育资源总量迅速增加，2021年全国幼儿园数达到29.5万所，比2011年增加12.8万所，且普惠性幼儿园占比83%，"入园难""入园贵"问题得到有效破解。义务教育实现县域基本均衡发展，全国2895个县级行政单位在2021年底均通过了国家督导评估，"两免一补"实现城乡学生全覆盖。区域教育协调发展的体制机制更加完善，中西部高等教育振兴发展深入推进，119所部属和东部高水平大学参加支援103所中西部高校，实现西部12个省（区、市）和新疆生产建设兵团全覆盖。通过"特岗计划"、公费师范生、退休支教和教师交流轮岗制度等多种渠道为中西部农村补充了大量优质师资。普及攻坚强力推进，西藏全面实现"两基"目标，率先实现15年免费教育，新疆喀什地区、和田地区和克孜勒苏柯尔克孜自治州率先实现学前两年至高中阶段教育资助政策全覆盖，中西部10个省高中阶段教育毛入学率10年平均提高了17.02个百分点。[①]

始终把教育摆在优先发展的战略位置，将促进教育公平作为国家基本

---

① 杨飒、韩若莱：《教育公平：让优质教育惠及每个孩子》，《光明日报》2022年8月25日。

教育政策，是办好人民满意教育的重要实践，成为新时代教育发展的价值追求。数字技术赋能新时代教育改革发展，成为阻断贫困代际传递、促进全体人民共同富裕的重要手段。数字教育、智慧教育等创新实践从广度、深度层面不断拓展教育公平，使基本教育公平的全覆盖发展到更高质量教育公平的广覆盖。

2.基本劳动就业创业数字化变革

就业是民生之本，稳定之基。基本劳动就业创业事关国计民生，直接决定了社会公众的生存与发展，政府如何做好基本劳动就业创业关系国家经济社会可持续发展。信息化发展和数字化变革正在重塑人类社会生产生活方式，数字化背景下生产力和生产关系正在发生历史性变革。"互联网＋"和劳动就业创业服务业务领域的深度融合将深远地影响着社会劳动就业格局。拓宽基本劳动就业范围和渠道要紧跟经济社会信息化、数字化发展的步伐，发挥数字资产、数字红利、数字效益。

面对信息时代就业劳动关系灵活化、工作内容多样化、工作方式弹性化的新就业形态，以及经济社会数字化转型带来的新旧职业转化形势，需要构建多层次、多功能、覆盖全社会的人才社会化服务机制，形成数字化公共就业服务体系。[1] 汇聚就业创业政策信息资源，连通就业供需双向交流窗口，提供全方位精准化公共就业服务。[2] 在建设数字政府过程中建立健全覆盖城乡的公共就业服务体系和城乡一体的公共就业信息化网络。[3] 坚持问题导向，尽量用数字化方式分析问题、解决问题。比如，政府部门在保障基本劳动就业创业，解决基本劳动就业创业问题方面可以应用数字化技术，将其纳入数字政府建设范围，建立人口基础数据、人力资源和社会保障数据、企业用人岗位数据等综合应用体系，充分发挥数字政府数据库的数据价值。利用互联网思维和大数据思维，利用互联网技术的资源优势和数据

---

[1] 沈熙：《中国公共就业服务多元提供体制研究》，博士学位论文，南京大学，2011年。

[2] 李军鹏：《新时期推进基本公共服务均等化的思路与对策》，《新视野》2019年第6期。

[3] 王阳：《推进公共就业创业服务均等化的政策建议——对江苏省苏州市的调查和启示》，《中国经贸导刊》2019年第15期。

优势，将相应的服务工作和互联网进行融合，利用信息系统平台及时广泛地发布用人招聘信息。加强政府公共就业服务，形成政府激励创业、社会支持创业、劳动者勇于创业的新机制。

聚焦数字经济、网络经济等新业态新场景的就业创业机会，针对接触型、聚集型等就业容量比较大的服务业进行相应的保障和调配，以利于稳定就业、扩大就业。提高经济增长的就业带动力，解决劳动力市场供需信息流通闭塞导致的供需不平衡问题，做好就业服务。构建一体化"互联网+"公共就业创业服务平台，加强公共招聘网等服务平台建设。鼓励创业带动就业，完善扶持创业的优惠政策。政府购买基层公共管理和社会服务岗位更多用于就业，破除妨碍劳动力、人才社会性流动的体制机制弊端，消除城乡、行业、身份、性别等一切影响平等就业的制度障碍和就业歧视。

充分发挥大数据应用和智能分析技术，深化"放管服"改革、商事制度改革、要素市场化改革；完善失业保险制度，完善就业失业监测统计制度；放宽政策、放开市场、放活主体，在创新支持创业、创业带动就业的良性互动中，实现更高质量创业就业。重点解决脱贫人口、失业人员、农村转移劳动力和其他就业困难人员等特定群体的再就业问题。突出稳存量、扩增量、保重点，既有力有效实施稳岗支持和扩岗激励措施，最大限度调动企业用人积极性，又认真做好高校毕业生、农民工等重点群体就业服务，进一步稳定政策性岗位规模，多渠道拓宽就业空间。依托在线教育、网上培训等，大规模开展职业技能培训。

此外，数字化的发展为残疾人就业开拓了更大的空间。互联网替代教育资本、扩大残疾人社交圈，使身体缺陷对残疾人就业的限制有所削弱。针对就业人群里的残疾人就业服务，帮助他们获得收入、自立自强是实现其人生价值的重要途径。有研究发现残疾人使用互联网的就业率明显高于未使用互联网的就业率。[①] 以互联网技术为载体对残疾人进行就业培训，可

---

① 王晓峰、赵腾腾：《互联网影响残疾人就业的作用机制研究》，《人口学刊》2021年第1期。

以使其获得就业资源、拓宽就业领域、实现人生价值。[①] 据统计，我国有关残疾人服务保障网站有1504个，其中省级31个，市级276个，县级1197个，残疾人的相关事业逐步完成信息化、数字化、智能化。如智慧助残就业平台——"中国残疾人就业创业网络服务平台"为残疾人、用人单位提供包括网页、App、微信小程序等不同渠道的就业创业服务。创新"互联网＋残疾人"就业模式，以"残疾人＋信息""残疾人＋资源""残疾人＋平台""残疾人＋职业"等方式，充分运用数字技术和网络平台消除残疾人就业障碍，打造残疾人就业环境，促进残疾人就业创业。[②]

3. 基本社会保险数字化变革

基本社会保险数字化是基本公共服务领域发展较为成熟的领域，总体上看，基本社会保险通常涉及的养老保险、医疗保险、失业保险、生育保险和工伤保险等基本实现了信息化、在线化、网络化服务。《人力资源和社会保障事业发展"十四五"规划》提出建成全国统一的养老保险全国统筹信息系统和多层次社会保障信息平台。在社保系统数字化转型过程中，一体化多层次社会保障信息平台将成为今后的基本发展方向。要做到全国统一集中需要从国家层面、省级层面、市以下层面三个层面的顶层设计，实现数据大集中，统一标准规程，实施全过程数字化监督管理，更好地服务民生服务社会。[③] 基本社会保险信息化、数字化进一步提高社会保险申请、缴纳、提取的便利性，促进基本社会保险的公平和服务供给的均等化。

数字技术赋能基本社会保险均等化发展的目标是实现"全数据共享、全服务上网和全业务用卡"，全面提升社会保障信息化服务水平。具体的组成体系包括全国统一的人社政务服务平台、国家社会保险公共服务平台、企业职工养老保险信息系统平台、职工伤害保障信息平台、电子社保卡居

① 张甜甜、邓涛：《"互联网＋"背景下残疾人就业培训模式探析》，《长春理工大学学报》（社会科学版）2020年第6期。

② 焦若水、李国权：《残疾人就业：互联网时代的机遇与挑战》，《残疾人研究》2019年第4期。

③ 杨勤：《推进信息化建设提高社保服务水平》，《中国劳动保障报》2021年7月30日。

民服务"一卡通"应用系统等。在具体实践进路上，首先，构建人社政务服务数据共享协调机制，实现对社会保险服务事项、电子证照清单目录、"互联网＋监管"事项清单等底层数据信息的一体化整合。其次，电子政务基础设施集约化建设，涵盖信息网络基础设施；数据汇聚、开发、服务、共享治理体系；服务标准规范与安全保障和一卡通、全国通办服务等，让数字技术赋能全面促进基本公共服务均等化。

社保档案信息化加速推进社保制度、社保体系改革与发展，尤其是基于大数据应用和服务场景化将推动基本社保均等化、普惠化服务进入快车道。[①] 从2012年至2023年，全国基本养老保险参保人数从7.88亿人增加到10.66亿人；失业保险参保人数从1.52亿人增加到2.44亿人；工伤保险参保人数从1.9亿人增加到3.02亿人。推动6098万原建档立卡贫困人口参加基本养老保险，实现应保尽保。[②] 1999年，"中华人民共和国社会保障卡"在上海首发，经过20余年的不断发展，截至2024年9月，全国社保卡持卡人数达到13.86亿人，覆盖98.3%的人口。其中，领用电子社保卡的人数为10.34亿人，覆盖73.4%的人口。[③] 社保卡经历三次系统性更新换代，发展成为集办事卡、银行卡、智慧卡于一体的民生服务卡，承载的服务事项超过160项，成为居民服务"一卡通"的重要载体。利用电子社保卡可以通过手机直接办理数十项全国"一网通办"业务，如社保查询、失业金申领等。在社保卡服务功能与范围的拓展方面，成渝两地基于社保卡（电子社保卡）推行"一卡通服务"，依托社保卡实现公共图书馆阅读、主城区公交、轨道交通出行等"全覆盖"。

2008年起推行的新型农村社会养老保险制度。按照"保基本、广覆盖、有弹性、可持续"的原则，到2020年基本实现对农村适龄居民的全覆盖。这一制度将我国数亿农民全面纳入社保体系，是农村社会保障领域的重大

---

① 郭东水：《大数据时代社保档案信息化建设分析》，《兰台内外》2021年第23期。

② 王晓萍：《深入推进社会保障制度改革》，《学习时报》2024年12月20日。

③ 《人力资源社会保障部举行2024年三季度新闻发布会》，人力资源和社会保障部，https：//www.mohrss.gov.cn/SYrlzyhshbzb/dongtaixinwen/fbh/202410/t20241025_528349.html。

惠农政策与普惠性创新。2014年，与城镇居民社会养老保险的并轨，确保基本养老保障的公平享有，进一步推动城乡一体化发展。党的十八届三中全会明确提出，推进机关事业单位养老保险制度改革，整合城乡居民基本养老保险制度，从标准统一到制度并轨，城乡居民基本养老保险制度打破了城乡制度藩篱。实现了制度名称、政策标准、管理服务、信息系统"四统一"。建立健全合理兼顾各类人员的社会保障待遇确定和正常调整机制。为建档立卡贫困户、城乡低保对象、特困人员、城乡重度残疾人、城镇困难群众五类困难群体代缴城乡居民养老保险费。截至2024年9月，全国平均城市低保标准为每人每月791元，平均农村低保标准为每人每月585.9元，失业、工伤保险待遇水平稳步提升，月平均失业保险金水平由2012年的707元提高到2023年的1814元，较2012年提高了一倍多。[①]2016年，我国启动建立统一的城乡居民基本医疗保险制度的改革，到2019年底全面整合城镇居民基本医疗保险和新型农村合作医疗两项制度，城乡居民按照统一的政策参保缴费、享受待遇。居民医保人均筹资标准也从2003年的人均40元增长到2023年的人均380元。改革后，参保人员特别是农村村民求医问药时报销的多了、自付的少了、封顶线高了，看病负担明显减轻。我国保基本、全覆盖、守底线、多层次的医疗保障体系初步形成。

4. 基本医疗卫生数字化变革

基本医疗卫生是民生关切的焦点问题，"看病难、看病贵"成为制约基本公共医疗卫生均等化最突出的矛盾。公共医疗卫生服务的发展方向是康养服务专业化、数字化和规范化。[②]站在基本公共服务均等化的视角，数字技术赋能医药卫生体制改革的总体目标是向所有社会公众提供公共医疗服务和医疗保险，加快完善健全全民医保体系，最大限度促进健康公平，为实现全民健康覆盖奠定了坚实基础。公共医疗服务数字化转型在于促进公

---

① 《2024年3季度民政统计数据》，民政部，https://www.mca.gov.cn/mzsj/tjsj/2024/2024dsjdtjsj.htm。

② 吴文武、张燕婷：《健康中国战略视阈下的康养治理研究》，《中国行政管理》2022年第2期。

众就医、诊疗、康养一体化便捷服务，特别是基于逐步下沉和建立健全社区医疗卫生服务体系、家庭康养服务体系的过程中，应用远程医疗、AR/VR精准服务，做强做优并丰富医疗健康服务供给主体，不断提升社区、居家等个性化公共医疗服务能力和水平。从基于城乡融合发展的历史和基本公共服务均等化实践看，其均等化是动态的均等化、非绝对的均等化，是给予医疗卫生需求者更多的选择。[①] 随着信息化的发展，网络覆盖到村，信息技术、数字化应用推动着医疗技术和医疗管理的革新，医疗卫生信息化成为医疗卫生高质量发展的支撑。

早期的基本医疗卫生数字化集中在区域化卫生信息系统，其中区域化卫生信息系统包括电子政务、医保互通、社区服务、双向转诊、居民健康档案、远程医疗、网络健康教育与咨询，是预防保健、医疗服务和卫生管理一体化的信息化应用系统。[②] 既包括健康档案、病历电子化，也包括通过交互式卫生信息平台、城乡社区与医院双向转诊、远程诊疗、远程教育等多种方式，将经验丰富的医生的医术通过网络发挥更大的价值，让更多的病人能够通过网络得到同样的诊断，通过网络将医生的丰富经验和高深的理论知识传播到更多更远的地方，普遍提升了各级各类医院的医疗卫生服务水平。

2023年，全国住院费用跨省联网定点医疗机构达8.23万家，较2022年底增加1.96万家。通过国家统一的线上备案渠道成功办理备案804.22万人次，较2022年增长159.48%。全年跨省异地就医直接结算1.29亿人次，减少参保群众垫付1536.74亿元，分别较2022年增长238.67%、89.91%。[③]2018年起，京津冀、长三角和西南五省区相继开展门诊费用跨省直接结算试点工作，2020年底，长三角、京津冀、西南片区三个试点区域的平台统一到国

---

① 刘一欧：《城乡融合发展视域下基本医疗卫生服务均等化的实现》，《中国经贸导刊（中）》2021年第8期。

② 亓玢：《区域医疗卫生信息化建设对改善社会医疗卫生服务的作用研究》，硕士学位论文，山东大学，2012年。

③ 《全国医疗保障跨省异地就医直接结算公共服务信息发布（第五十九期）》，中国政府网，https://www.nhsa.gov.cn/art/2024/1/29/art_114_12032.html。

家平台，实现了数据的汇聚、流程的统一。也是在这一年，开启了全国统一普通门诊费用跨省直接结算试点。2021年，基本实现普通门诊费用跨省直接结算和异地就医备案线上服务统筹地区全覆盖。2022年，所有省份启动5种门诊慢特病相关治疗费用跨省直接结算试点，并迅速实现了所有统筹地区的全覆盖。据《2023年全国医疗保障事业发展统计公报》，2023年全国基本医疗保险参保人数133389万人，参保率稳定在95%以上。与参保人数同时增加的，还有参保待遇水平的逐步提高。[①] 基于互联互通的就医结算系统，参保人在医院住院或门诊时，除应由个人承担的费用外，可以直接由医保部门与定点医院结算。基本医疗卫生服务数字化转型进入快车道。

构建国家数字医疗卫生系统，包括涵盖临床路径和知识库的电子病历系统，规范了诊疗行为，提升了医疗服务水平和质量，整合了医疗资源，实现了"人人享有基本医疗卫生服务"的目标。[②] 还有基于医保卡的"一卡通""一卡通办、全国通办"的政务服务系统。跨省结算的实现得益于基本医疗卫生数字化的不断发展，我国为实现跨省异地就医直接结算采取了优化医保智能服务（国家医保服务App、异地就医备案小程序、国家医保服务网厅等）、建设全国统一信息平台、推广应用医保电子凭证。

大数据、人工智能和物联网应用充分保障基本医疗卫生服务提供公平可及。基于网站、智能客户端和新媒体平台为社会公众提供全方位、全周期健康服务。强化基本公共医疗卫生服务的信息化保障，推进"互联网＋医疗健康"服务，推进数字健康服务，区域医疗共同体信息化整合，医疗机构检查结果互认共享，构建全面健康的信息服务平台。建成覆盖全国城乡的基本医疗卫生制度，提高基本公共卫生服务经费人均财政补助标准，将新增基本公共卫生服务财政补助经费全部用于村和社区。[③] 截至2023年底，

---

① 《2023年我国卫生健康事业发展统计公报》，中国政府网，http://www.nhc.gov.cn/lianbo/bumen/202408/content_6971241.htm。

② 李兰娟：《数字卫生：助推医改服务健康中国数字医疗的现状与展望》，《中国实用内科杂志》2012年第6期。

③ 李军鹏：《新时期推进基本公共服务均等化的思路与对策》，《新视野》2019年第6期。

全国30个省份建成了省一级互联网医疗监察平台，全国批复设置了2700余家互联网医院。

全面推行网上办理，推广电子化登记，强化医疗卫生、人口信息互通共享，打通业务链条和数据共享堵点，实现"数据多跑路、群众少跑腿"，推动网上办、掌上办、一次办。比如，在生育保障服务体系建设中，充分发挥生育登记的信息引导作用，动态掌握群众生育状况及服务需求，及时提供生育咨询指导、孕前优生健康检查、孕产妇健康管理、婴幼儿照护、儿童健康管理等相关服务。同时，按照简政便民原则，推动相关事项办理与生育登记脱钩，大力推进出生医学证明、儿童预防接种、户口登记、医保参保、社保卡申领等"出生一件事"联办。

5. 基本社会服务数字化变革

基本社会服务是指以提供劳务的形式来满足社会需求的社会活动，通常指为处于不利社会境况中的弱势群体提供各种形式的帮助。[①]《"十三五"推进基本公共服务均等化规划》指出基本社会服务重点任务为社会救助、社会福利、社会事务和优抚安置。基本社会服务数字化发展的思路，在于充分发挥互联网络平台和在线服务模式，充分调动和调配社会服务供给的人、才、物和信息资源，基于有效市场和有为政府的综合治理，提升公共社会资源配置效能，使之成为推进基本公共服务均等化的重要力量。

数字技术赋能基本社会服务提质增效要从供给侧和需求侧的双向角度系统分析基本社会服务发展、影响因素和创新场景。重点考察基本社会服务的发展受供需双方的双向影响，尤其是基本社会服务的内涵、主体、客体及影响因素。一方面可以在基本社会服务供给总量和供需匹配度上下功夫，另一方面促进基本社会服务均衡发展，此外在省级层面应该建立服务清单，确定服务对象、内容及标准。[②]站在信息化时代的视角考虑如何让基

---

① 张磊、谢祥、朱佳鑫：《高校社会服务能力评价问题研究》，《东北大学学报》（社会科学版）2013年第5期。

② 霍萱、林闽钢：《政府基本社会服务供给现状与影响因素研究》，《社会工作与管理》2019年第5期。

本社会服务发展更具公益性、更均等化。

随着数字技术、互联网技术、人工智能技术、大数据技术等的发展，未来社会服务整体上将从传统人力服务向"互联网+AI服务"、数字化服务转型。众多应用层出不穷，诸如抖音、快手等平台推广宣传解读社会服务的政策；微信、微博等社交平台的推文，将社会服务的做法和成效公之于众；微信小程序、App、网页等多种形式的网上办理窗口，将社会服务带到了网上。上网就能办理、接受社会服务的惠民服务，促进社会服务的均等化。比如，对于高等院校在承担社会服务过程中，应发挥"产、学、研、用"一体化的作用，强化供给侧改革，为社会培养社会服务人才，形成社会企业协同育人的良性循环，以社会服务彰显大学的社会贡献之价值。[1][2]

除了履行人才培养的常规职责，充分做好科学技术服务、信息咨询服务和精神文化服务，探索完善工作制度和绩效考评机制。[3] 例如，在公共法律服务方面，2023年全国法院受理案件数量突破4500万件，其中有三成案件实现在线立案。为了进一步方便人民群众行使诉权，上半年全国法院网上立案705.8万件，同比增长18.95%，平均每分钟有119.5件案件"网上立"。二审网上立案试点工作稳步推进，16个试点地区共收到二审网上立案申请9.8万件，平均立案周期21.6天，较过去缩短77.7%。人民法院调解平台"进乡村、进社区、进网格"工作深入推进，10.4万家基层治理单位与人民法庭进行在线对接。[4] 这些数据的背后是借助公共法律服务信息化所带来的经济效益和社会效益，其他公共服务同样如此。通过网络将业务流程简化，有的事情跑一次就办理，一次网上提交审核办理，信息系统内部扭转。一方面节省大量的人力、物力和财力资源，让信息化将业务流程简单化，使人力资源不被重复烦琐的工作耽搁，在推进事业发展的创新工作

---

① 赵旎娜：《"职教20条"背景下高职社会服务能力提升路径》，《继续教育研究》2020年第1期。

② 王旭东、李玉珠：《大学社会服务职能分析》，《国家教育行政学院学报》2014年第11期。

③ 周浩波：《地方综合性大学社会服务职能的时代特征与实践路径》，《现代教育管理》2021年第2期。

④ 张晨：《全国法院新收各类案件1696万件》，《法治日报》2023年8月8日。

上释放更多的精力。另一方面拓宽了基本公共服务的受众面，降低了接受基本社会服务的门槛，增加了公共服务业务办理的便利，使人民群众接受社会服务的距离感为零。比如，江西省全面推行"赣服通"App，以省本级申请政务服务事项"一次不跑"或"只跑一次"为抓手，建成全省统一的"区块链+政务服务"基础平台，加快补齐民生短板，完善基本公共服务体系，城乡社会保障体系、医疗保障体系、公共就业服务体系。同时在义务教育方面建成网格化管理、精细化服务、信息化支撑、开放共享的基层管理服务平台，实现全省整体性基本均衡。

6. 基本住房保障数字化变革

基本住房保障作为一种兜底性的制度设计，是一个国家社会生活"安全网"和社会治理"稳定器"的重要基石。《"十三五"推进基本公共服务均等化规划》提出基本住房保障是为加快解决城镇居民基本住房问题和农村困难群众住房安全问题，更好地保障住有所居。该领域服务项目主要包括公共租赁住房、城镇棚户区住房改造、农村危房改造等项目。在脱贫攻坚历史性决战中，"两不愁三保障"是确保基本住房保障的兜底性政策制度，是促进基本公共服务均等化的基础性工程。

我国基本住房保障事业经历了福利分房（1949—1978年）、房改探索（1978—1998年）、市场化供给（1998年至今）三个发展阶段。[①]基本住房保障需要考虑的关键是保障谁、如何保障、保障的标准。受长期以来城乡二元结构的影响，针对困难群体的基本住房保障可以从居住在城镇的弱势群体和居住在乡村的弱势群体两个维度分析保障谁、如何保障、保障的标准。对于农村居民弱势群体，除了建档立卡贫困户外，还包括居住在乡村且收入较低仅能维持生存，居住条件差的群体。我国实施农村危房改造、造福工程、保障安全和易地扶贫搬迁等重大工程，持续改善农村居民基本住房条件。在推进乡村振兴和建设美丽乡村的进程中，既要确保农村居民住上安全稳固的房屋，还要持续提升农村居住房屋的舒适度和满意度。而对于

---

① 王胜男：《城镇中低收入居民对基本住房保障服务满意度研究——基于 CGSS 2015 的数据分析》，硕士学位论文，云南财经大学，2021年。

居住在城市的弱势群体而言，基本住房保障比较复杂。这类群体来源包括大学毕业生、进城务工人员、城市各类低收入群体等。相应的住房保障来源包括城镇棚户区住房改造、保障性租赁住房、经济适用房、廉租房、共有产权保障性住房等。

数字技术赋能基本住房保障的着力点是充分运用互联网技术和信息化手段精准确定、合理分配、有效监督公共住房服务"保障谁、如何保障、保障的标准"方面的具体事宜。让基本住房保障更加便民、惠民，增加社会治理公平感、幸福感，推进基本住房保障更加智能、透明、公平。借助互联网和大数据应用，统筹涉及保障居民有关住房、民政、财政、税务、工商、公安、社保、银行等涉及个人及其家庭财产收入情况的信息系统平台。精准审查识别保障对象，为保障措施和保障保准的制定提供科学的数据支撑，实现基本住房保障对象资信动态审查和进入退出机制。完善基本住房保障体系，加快公租房建设，政府出资购买社会闲置住房或商住房改造后用于公租房，使公共租赁住房占租赁住房的比重达到1/3及以上；对低收入住房困难家庭实现应保尽保，将符合条件的新就业无房职工、外来务工人员纳入基本住房保障服务范围。

构建基本住房保障服务综合管理信息系统。基本公共住房服务"一网统管"，基于统一城镇公共住房管理平台，实现对城乡棚户区住房改造、保障性租赁住房、经济适用房、廉租住房、共有产权保障性住房等一体化管理监督。通过对合适保障对象的多因素综合评估，实现基本住房保障的精准施策。比如，将城镇保障对象按经济收入条件确定优先级，包括为最低收入家庭优先提供廉租房，为低收入家庭优先提供经济适用房，为中等偏下收入家庭优先提供公租房，为中等收入家庭优先提供限价商品房，为低收入住房困难家庭优先提供城市棚户区等，合理调配公共住房资源。

推行居民住房公积金"跨省通办"，线上线下住房公积金服务渠道互联互通，区域间公积金接续按需"一键办理"，有关缴存、提取和贷款事项在线化办理更加便捷、高效和可靠。公积金的企业开户登记、缴纳、查询、缴存比例调整、离退休提取、冲还贷、提前还款等高频事项不见面审批、全流程网上办理。强化对公共住房建设涉及的工程报建、施工图审查、招标投标、合同备案、施工许可、质量安全监督和竣工验收备案等的市场监管。

构建住房公积金监管服务平台，形成部门间公共数据资源共享机制。完善升级全国建筑市场监管公共服务平台和全国建筑工人管理服务信息平台，提高数据质量，加大信息公开和共享力度，深化平台应用。为进一步加强全国建筑市场监管公共服务平台数据管理，落实各级住房和城乡建设主管部门数据审核监管责任，强化工程项目信息录入和审核，2024年1月，住房和城乡建设部发布《关于进一步加强全国建筑市场监管公共服务平台项目信息管理的通知》，要求地方各级住房城乡建设主管部门加快工程项目信息归集，将本级建筑市场监管一体化工作平台产生的工程项目信息，按规定逐级推送至全国。全国31个省级一体化平台与住房城乡建设部中央数据库将实现实时互联互通，初步实现建筑市场"数据一个库、监管一张网、管理一条线"的信息化监管目标。

7. 基本公共文化体育数字化

基本公共文化体育数字化重点是发挥数字经济、数字政府、智慧社会对提升人民群众美好生活的赋能与支撑作用。为解决公共文化体育服务事业总量及结构性矛盾突出、供给与需求存在较大差距及缺乏相应的考核评价机制等突出问题。[①] 力争在"十四五"期间补齐国家公共文化体育供给的短板、弱项。针对文化事业和体育事业的配置存在区域、城乡、群体间的较大结构性矛盾，以及城乡居民公共文化体育服务需求的多样化、差异化、个性化新挑战，数字技术赋能公共文化体育服务供给可以在调整文化体育支出配比，优化文化体育存量，改革服务领域联动机制等方面着力，构建开放多元、内容丰富、覆盖全面、智能方便的现代公共文化体育服务体系。

数字技术提升公共文化体育服务运行效率。通过基本公共文化体育信

---

① 侯胜东：《提升我国公共文化体育服务效能的问题与对策》，《中国经贸导刊》2022年第5期。

息化平台的运行、查询、反馈、评价等，公共文化体育服务运行效率不断提升。通过将图书馆、博物馆、纪念馆、美术馆、文化馆、文化宫、电子阅览室、剧院、体育馆等信息和服务指引数字化、信息化，搭建供给信息公示和需求信息收集的网上信息平台。通过在公共文化体育服务提供时充分考虑服务对象的群体差异性，满足不同群体的差异，解决基本公共文化体育服务供给和需求信息不对称问题。

数字技术拓展公共文化服务新场景，以智能硬件、虚拟现实、数字博物馆、电子竞技为代表的新业态重构公共文化体育生态系统，为城乡居民生产生活提供了新的体验。比如，广播影视数字化工程、公共数字阅读终端、数字图书馆博物馆等项目，将传统的文化学习体验延伸到互联网络和手机客户端，全面拓展覆盖人群和范围。

数字技术赋能基本公共文化体育服务还体现在科学决策支持上，大数据应用、互联网平台为公共体育服务各参与治理主体在政策制定、实施、监督与反馈等方面的合作创造了条件，[1] 进而推动公共文化体育服务资源的"帕累托最优"。[2] 从农村公共体育服务供给侧的精准供给角度分析，需要加强农村信息网络基本建设，补齐促进供需信息衔接的短板。[3] 一方面可以促进体育技术培训、健身指导、体育知识通过网络平台传播，让更多的群众掌握体育技能，间接降低许多体育项目的技术门槛。另一方面通过各个场地信息的流通融合，可以增加文化体育资源的利用率，比如深圳市福田区文体场馆"一网统管、一键预约"平台让政府的公共服务像网购一样方便快捷。[4]

数字技术应用推动公共文化体育服务供给模式不断优化，新技术、新

---

① 赵述强、刘卫军、潘祥：《我国城市公共体育服务智慧治理研究》，《体育文化导刊》2020年第10期。

② 王洪珅、YAO Wanxiang、黄亚玲：《新时代中国公共体育服务的层级化建构》，《成都体育学院学报》2021年第2期。

③ 刘望、谢正阳、王政等：《农村公共体育服务精准供给的实践困境与实现路径》，《体育文化导刊》2021年第6期。

④ 严圣禾：《让公共服务像网购一样方便》，《光明日报》2021年8月10日。

模式、新平台、新手段进一步缩小公共文化体育服务供给侧与需求侧之间的信息差。

通过公共文化资源数字化建设，公共体育设施的在线化调配和公共服务供给与需求网络化协同，确保信息双向畅通与透明，解决资源短缺与结构单一、分配不均等问题，实现了公共体育服务充足、便利、规范、经济和公共性。[①] 基本公共文化体育服务具有资源配置的公有性、服务供给的公平性、利益取向的公益性和服务主体的公众性，该项服务的主要提供者理应是政府，结合数字政府建设是为了很好治理社会、为社会提供更加便民和满意的服务的出发点，基本公共文化体育和数字政府存在很大的共性和耦合空间。

在基本公共文化体育信息化、智慧化发展方面，《国家基本公共服务标准（2021年版）》对文体服务保障的项目标准作了分类。落实这些标准，文体服务领域信息化数字化的工作将为服务内容有序有质的提高提供技术支撑。《乡村振兴战略规划（2018—2022年）》提出"实施新一代信息基础设施建设工程"，加大农村地区信息化基础设施投资力度，促进"互联网＋体育"模式在农村地区的兴起。《体育强国建设纲要》提出要推进全民健身智慧化发展，将物联网、云计算、大数据运用于基本公共文化体育，促进网上体育场馆预订、场地设施开放信息发布、体育知识的普及和体育指导的推广，推进智慧健身路径、智慧健身步道、智慧体育公园建设。

8. 残疾人基本公共服务数字化变革

提高残疾人基本公共服务供给水平和效率，是推动残疾人事业加快发展的新引擎，也是现代化进程中的必然要求，更是保障残疾人权力的客观需要。在推进基本公共服务无障碍提供上，2021年11月，中国残联、国家发展改革委等六部门联合印发《关于"十四五"推进困难重度残疾人家庭无障碍改造工作的指导意见》，着力消除残疾人家庭生活障碍，提高残疾人居住环境和生活品质，助力残疾人全面发展和共同富裕。残疾人基本公共

---

① 赵述强、高跃、祝良：《科技赋能：我国城市公共体育服务迈向智慧化治理的审视与论绎》，《体育科学》2021年第7期。

服务在《"十三五"推进基本公共服务均等化规划》里指国家为满足残疾人特殊需求的基本公共服务，为残疾人平等参与社会发展创造便利化条件和友好型环境。残疾人基本公共服务不仅是教育、就业创业、医疗卫生、社会服务、住房保障、文化体育建设适合残疾人，还包括残疾人康复、无障碍环境支持、辅助器具适配、托养服务、残疾康复等。可见，残疾人基本公共服务不是简单地在基本公共服务的项目中考虑残疾人的需求，因残疾人的生理特点，从而使残疾人基本公共服务建设的复杂度比一般基本公共服务大很多。

针对残疾人基本公共服务建设存在供需结构不平衡、不对称问题，从公共供求理论视角要求服务方式转向信息化、智能化，建立残疾人就业信息库、就业信息发布与交流平台，完善残疾人人口基础信息和基本服务需求信息数据管理系统，让残疾人与更多的岗位信息匹配，找到适合的岗位。[1] 构建残疾人基本公共服务的标准体系，包含基本通用、社会保障、基本服务的标准体系框架，进一步规范供给、提质增效、促进均等。[2]

推进信息无障碍设施建设和包容性数字服务。推出政府网站、政务服务网站和政务 App 的无障碍化版本，运用成熟的信息无障碍技术、全媒体技术和物联网技术，让全体社会公众都能共享数字化带来的便利，不让残疾人因听不见、看不见等原因接收不到大众化的公共产品和公共服务。如在智能手机设计无障碍 App 应用，这些软件交互深入、智能化、个性化情景感知，将手机终端等设备变成智能机器人，在一定程度上提高了获取信息的智能性。[3] 数字政府上下协同部门的高效性、强大的数据库，为残疾人基本公共服务信息化数字化提供技术和数据支撑。

针对残障人士、老年人等弱势群体积极开展技能培训和应用指导，努

---

① 肖雪：《公共供求理论视角下的残疾人基本公共服务体系建设——以 H 省为例》，《社会建设研究》2019 年第 1 期。

② 籍凤英、蒋柠、郭婷：《我国残疾人基本公共服务标准体系研究》，《残疾人研究》2017 年第 3 期。

③ 李燕英：《基于包容性数字服务的信息无障碍供给实现途径研究》，《图书馆》2022 年第 2 期。

力提升社会公众的信息素养和信息能力。充分考虑信息网络和信息服务设施的通用性和包容性，切实保障所有人获取信息、使用信息时的平等性、方便性、无障碍性。补齐信息普惠短板，持续降低信息消费门槛，提高信息产品和服务供给水平。鼓励电信、移动、联通运营商推出通信资费优惠措施，对特殊人群折扣咨费优惠。加快政务平台信息无障碍化改造，人们通过平台办事时就会留意到信息无障碍，进而主动去了解信息无障碍。[①]

在建立残疾人信息普惠兜底性保障机制上，要确保传统服务和智能创新双轨并行。创新网上办事智能服务方式，既让熟悉智能化产品和服务的人办事方便，还应保留并不断完善传统办事服务方式，保留人工服务窗口和工作人员指引等服务，帮助特定群体、老年人等使用不了网络的人，增进包括老年人在内的全体人民福祉。如在网上办事预约中除了网上填单预约还应支持电话预约或者现场预约，不能让不会上网的人办不了事。

三、基本公共服务财政均衡数字化调适

新公共管理的复杂性、协作性公共治理要求多部门围绕具体问题开展合作，突出公共服务导向，强化网络平台建设、实现多维度、多层次的资源共享，打破传统公共管理"碎片化"问题。[②]数字政府的发展让政府工作走向信息化和数字化，数字政府建设和基本公共服务均等化存在许多耦合领域空间。由于在财政收入、财政支出和政府工作人员三个指标里，财政支出更能衡量政府规模，政府的管理和服务都涉及公共财政支出，实现财政支出与分配的均等化将有效调控政府公共服务的失衡。运用数字技术赋能各级政府合理精准配置公共财政投入，是实现基本公共服务均等化的重要抓手。

---

① 李燕英：《基于包容性数字服务的信息无障碍供给实现途径研究》，《图书馆》2022年第2期。

② 艾烨：《加快推进数字政府建设》，《学习时报》2021年1月22日。

按照公共财政经典理论，政府的公共服务作为弥补市场失灵带来的公共产品及服务需求空间，尤其对服务型政府的建设与发展而言，公共治理和公共服务职责更加凸显，需要进一步加深对公共财政和公共利益的"公共性"的理解。在调控公共资源配置方面，首先要确定社会公共需要的基本范围，科学设置公共服务占比财政收支范围；其次要优化财政支出结构，一方面从规模、结构层面对政府投资进行合理安排，另一方面从政府层面强化对社会总投资的调节，从而提高社会投资整体效率。

政府公共财政收入源具有明显的广泛性、公共性特征，主要是各类市场主体、法人实体和城乡居民等依法缴纳的各种税赋。全面适应社会主义市场经济条件下，政府的各项事权受立法程序规制，确保公共财政审批的财政事权与支出责任相匹配，是公共政策和公共财政实践的基本遵循。数字技术赋能公共财政行为更加规范、有效和有序。坚持"取之于民，用之于民"的原则可以确保财政支出真正集中在社会公共需要或公共性支出方面，如社会公共基础设施建设、科教文卫发展需要、社会福利和社会保障等。

政府履行公共服务职能的核心，就是为全社会提供公共产品和公共服务，以便为全国不同地区、多种经济成分、多元市场主体和经济实体，通过收入分配的调节或再分配，建立健全社会福利和社会保障，促进公共分配，增进民生福祉，响应民生关切处于同频共振状态，确保数字技术赋能民生服务保障惠及所有人。同时，提供必要的社会投资及生产经营的公共性基础条件，以及公平竞争的市场环境和有序的市场经济秩序，从而推动国民经济持续稳定协调发展。

作为政府公共治理的三重义务——"保护社会，使之不受侵犯；保护社会上的每个人，使之不受其他人侵犯；建设并维持某些公共事业及设施"[①]。政府的公共财政支出在维系社会公平正义上，需要恪守"公平、确定、简便和征收费用最小"的原则，做到既厉行节约，又量入为出。这里的维系

[①] 亚当·斯密：《国民财富的性质和原因的研究》（下卷），郭大力等译，商务印书馆1974年版，第261—262页。

公平正义主要解决社会公平层面的问题。社会公平意味着要适应社会发展，将收入差距维护在各阶层居民所能接受的合理范围内。政府履行公共服务职能旨在运用行政职权和政策工具对资源配置的有效干预调控，科学合理、公开透明的财政支出行为可以对基本公共教育、基本劳动就业创业、基本社会保险、基本医疗卫生、基本社会服务、基本住房保障、基本公共文化体育、基本公共交通、基本公共安全、基本生态环境保护、优抚安置和残疾人基本公共服务方面起到均衡的作用。

公共财政政策除了运用经济调节和市场监管职权维护市场资源配置机制，厘清市场分配与财政分配的界限和范围，还有收入分配调控机制和手段包括规制市场社会责任，规范工资薪金标准、加强税收调节和规范公共支出。其中，公共财政转移支付以社会保障支出、救济支出、补贴等形式确保社会公众的生活水平、福利水平。基本公共服务均等化的财政均衡系统通过对一个地区的人口结构（年龄结构、性别结构）、人口数量（农村、城镇居民数量）和人口情况（人均收入、人均住房、受教育等情况）的综合统筹，结合本地区一定时期内公共财政支出、社会公共事业投入等数字化调控，依法保障所有社会公众都有相同的机会享受基本公共服务，实现基本公共服务的均等化。人口年龄结构的数据能够看出地区儿童、青年、中年、老年人口的比例和人数，这些数据对决策教育、医疗等资源的配置起到参考作用。地区人口数量对基本公共服务资金投入均衡起到重要的作用，地区人口情况（人均收入、人均住房、受教育等情况）对劳动就业创业、基本住房保障等相关倾斜政策的制定也起到很大的作用。

数字政府的建设旨在全面践行"人民至上"的服务型政府改革发展要求，打通各级政府及其部门间的数据交互和业务流程，实现数据融通、并行流通和协同交通。在行政决策和公共政策实践领域，基本公共财政支出的科学化、透明化程度关系着基本公共服务财政支出的公平性及使用效益，是影响基本公共服务均等化进程的重要因素。[①] 数字政府建设受体制机

---

① 张德钢、郭皓皓、陆远权等：《财政透明度对基本公共服务均等化的影响研究》，《宏观经济研究》2021年第11期。

制、技术条件、人才支撑、财政投入等方面的制约，存在顶层设计相对落后、基础平台配置不均衡，数字和信息技术在政务服务上的应用不平衡，政务数据的开放共享不充分，数字政务服务不精准等问题，这些都是影响基本公共服务均等化的现实因素。要破解这些问题需要坚持顶层设计和基层探索有机结合、技术创新和制度创新双轮驱动，以数字化助力政府职能转变，推动政府治理与数字化深度融合，促进政府治理方式变革和治理能力提升。[1]

为进一步提高地方公共财政转移支付的效率，要改进地方政府间转移支付计算方法，构建基本公共服务均等化指标。强化省级以下转移支付的规范化、制度化建设，加强地方政府转移支付资金使用监督管理。进一步加大对欠发达地区基本公共服务均等化建设补充财力供给。充分发挥公共财政预算审批、预算执行和决算审计在基本公共服务均等化建设中的作用，有效解决地方公共服务预算不透明、监管缺失、财政绩效评价机制不健全等问题。优化资源配置、维护市场统一、促进社会公平。

---

[1]　王鑫、祝歆：《以数字政府建设提升政务服务水平》，《光明日报》2022年12月2日。

第六章

数字技术赋能基本公共服务均等化发展策略

进入新时代，处在全球经济社会数字化转型期的政府公共治理、公共服务实践面临新旧问题交织的挑战，习近平总书记指出，要加快完善社会主义市场经济体制，推动发展更平衡、更协调、更包容。加快推进基本公共服务均等化。[①] 数字技术赋能基本公共服务均等化、普惠化非基本公共服务，走向共同富裕、迈向高品质生活服务，助推实现国家治理体系和治理能力现代化目标，可以从优化数字化服务协同机制、统筹公共资源的市场配置、创新一体化服务供给场景、促进卓越性公共服务重塑、增强数字化服务素质能力、完善数字化服务评价指标等六个方面着力。

一、优化数字化服务协同机制

1. 强化统筹规划与协同治理

为实现基本公共服务均等化、扩大普惠性非基本公共服务与共同富裕、中国式现代化发展战略和任务目标的一致性高质量推进。首先，需要从国家战略层面强化战略目标的顶层设计和统筹谋划，将各个领域有机统一起来，科学平衡不同地区间、人群间公共服务供给和需求。发挥数字技术赋

---

① 《习近平谈治国理政》（第四卷），外文出版社2022年版，第338页。

能作用，就是要求坚持"人民至上"服务理念和服务导向，进一步加强顶层设计、统筹规划。坚持以人民为中心的发展理念，以用户为中心开发设计政策体系和政策措施，而不是以公共服务职能分工为中心。公共管理数字化转型的过程既包括将传统线下公共事务治理轨道转换至线上治理轨道的技术性操作环节，还包括基于数字技术对传统线下行政审批、政务服务事项运行轨道的迭代改进，实现业务、流程、数据及信息向数字化平台的变革性转移。在基本公共服务供给上的体现，就是以政府数字化、智能化发展推动便捷、高效的公共服务，提升基本公共服务供给效率和公平性，有效破解区域间公共服务非均衡发展问题。

其次，构建数据全生命周期治理体系。加强工作统筹，从全局出发，对数字政府和数字服务进行整体规划和布局，全面加持社会生产生活关联数据协同治理。充分运用数字技术对信息和数据的实时传递、动态交互、在线共享进行全程监管，让基于数字技术的分析为简化行政流程，改进政务沟通、政务决策、服务回应的质效。以数据要素为驱动，依托数据收集、连接、分析，从中获得有效信息，打破部门之间、地区之间的隔阂，实现"让数据多跑路、让群众少跑腿"。以精准对接群众需求、细化服务项目为主要内容的服务精准化激活政务数据要素，提高治理的精准度和匹配度，提高政府决策智能化水平和基本公共服务精准化水平，推动政府职能转变，优化政府治理流程，从而更好地实现便民惠民的目标。

再次，推行项目驱动、示范引领的实践思路。围绕经济社会的数字化改革，完善政务服务和政民沟通协调机制。按照"认可共同目标—制定协同计划—组建协同领导机构—明确协同执行分工—开展协作并行工作—提供基本公共服务"等关键节点设计协同运行体系架构。健全规章制度、完善标准规范，推动统一网络平台、统一安全体系、统一运维管理的一体化建设和业务应用。在协同机制运行中，还要注重科学统筹公共服务、社会服务和生活服务等各项具体任务，处理好协同推进发展与改革中"最先一公里"和"最后一公里"问题。

最后，夯实数字化转型底座基石。加快推进社会数字化转型要求，筑牢充裕完备的国家新型信息网络基础设施体系。有序推进基础设施智能升级，稳步构建智能高效的融合基础设施，推进新型网络基础设施规模化应用和普惠化服务，进一步凸显基本公共设施和基本公共服务的公益性、保障性、基础性、安全性。建设数字政府的基础性工程在于加大对公共网络基础设施、公共信息资源共享、综合性基础通信平台、跨部门业务协同系统、整体国家网络安全基座等重点领域的投入力度。打通政务外网、拓展边缘计算、开通政务微信、建设城运云，形成强力技术支撑。通过建设统一数据基座，有序高效汇聚政务数据、社会数据、民生数据，让越来越多的主题数据库和专题数据库赋能数字生产要素和生产力。建立与新技术、新模式发展相适应的固定资产投资和运行管理模式。探索引入市场化、社会化机制激发公共服务领域市场主体活力和创造力。

2. 培育发展动能和政策环境

在深化改革进程中，政府部门要高度重视在战略资源调配时发挥数据要素公共性、普惠性的作用，为信息时代的公共资源和基本公共服务均等化提供基础支撑。培育新动能、新业态需求更好、更快发挥公共治理的数字化赋能作用。在推进基本公共服务均等化过程中必然受一定的时间和空间影响，从而有必要从实现程度的视角监测基本公共服务均等化政策执行的效果与效益。

在数字技术赋能方面，通过对基本公共服务流程优化、创新数字化公共服务模式、强化数据全要素整合，实现"让数据多跑腿，让群众少跑路"。从整体上加快推进电子政务"一网统管"，增强数字化服务平台对数字服务资源和链接协同并行。比如，依托大数据精准处理和动态反馈的技术支撑，地方财政资金的统筹力度不断增强，各类基本公共服务的统筹更加精细，基本公共服务标准与规范的制定实施与地方实际发展水平匹配度更高。

在制度环境营造方面，既要考虑有关公共治理法律法规和政策的细化、完善和优化，又要积极回应数字化转型、数字技术应用中带来的新情况、新挑战，尤其是"信息孤岛""数字鸿沟"产生的法律法规规制的真空。加快制定兼具针对性和有效性的专门性法规政策，从而为提高基本公共服务均等化水平提供有力的法规政策保障。[①]

3. 激励相容和制度匹配机制

建立健全激励相容和制度匹配的公共服务政策保障体系是共同富裕体制机制和政策体系设计的基本原则。[②] 在深化行政管理体制改革进程中，要求将基本公共服务体制机制改革纳入全面深化改革总体布局，充分把握基本公共服务领域改革与其他领域改革的关系，破除不利于基本公共服务均等化推进的体制机制障碍。[③]

首先，深化公共财政事权与支出责任体制机制改革。进一步落实公共服务领域中央与地方财政事权与支出责任改革要求，增强地方公共服务和基本民生财力保障，不断完善公共财政转移支付体系，充分应用数字技术改革共同财政事权转移支付、专项转移支付、一般性转移支付流程平台，提升基层政府财力与事权相匹配程度水平。

其次，健全公共财政转移支付激励约束机制。坚持正向激励，发挥财政政策工具作用，激励引导基层政府加大对基本公共服务均等化建设的财政资金和公共资源的投入力度。加强统筹协调，充分发挥政府再分配调节职能，健全以税收、社会保障、转移支付等为主要手段的再分配调节机制，合理调节城乡、区域、不同群体间的分配关系。强化绩效管理，建立健全基本公共服务均等化数字化评估指标体系，科学精准确定支出标准和支出责任分担比例。加强监督检查，构建公共财政转移支付运行监测平台，强化资金拨付、项目执行、供给质效等全方位、全周期监管，实施事前、事中、事后一体化监督，通过大数据、人工智能和区块链等技术提升转移支付资金的监管水平、监管能力和监管效率。

最后，构建成本效益分配的合理均衡机制。区域公共服务的数字化转

① 胡春艳：《公共服务如何跨越"数字鸿沟"》，《人民论坛》2020年第8期。

② 郁建兴、任杰：《共同富裕的理论内涵与政策议程》，《政治学研究》2021年第8期。

③ 李实、杨一心：《面向共同富裕的基本公共服务均等化：行动逻辑与路径选择》，《中国工业经济》2022年第2期。

型不但面临数字化基础设施等资金投入大、运行成本高的问题，还需额外增加改革转型带来的协调、缔约、执行、审计等制度性成本开销，总体上呈现风险与机遇并存的挑战。应积极探索在省级层面建设统一数字政府运行管理模式，充分发挥政府、企业、社会组织对公共服务供给和运行平台的主体功能，构建区域间数字政府、数字服务多元化运营主体，以协同发展为导向形成均衡合理的成本收益分配机制。[①] 比如，针对传统城乡二元户籍制度下的流动人口的公共服务供给保障体系，需要积极探索相应的成本分担机制、财政转移支付机制、跨区域社会保障机制等，通过完善各项政策措施努力提升外来常住人口享有各类基本公共服务的可及性。[②]

二、统筹公共资源的市场配置

1.推进公共资源数字化市场配置

中共中央、国务院印发的《关于构建数据基础制度更好发挥数据要素作用的意见》对数据要素市场化建设提出战略目标和方向指引，擘画了适应中国式现代化发展要求的数字要素市场化总体框架。从政府职能和作用发挥层面，推进数据资源开发、数据要素治理就是要强化数据安全、完善数据监管、促进信息公开和数据开放，制定和完善数据要素市场政策法规，积极推进数据要素市场化试点、完善网络安全、数据安全和个人信息保护法律法规，加快建设数字政府，推动经济社会数字化转型。从市场资源配置的层面，数据资源市场化开发利用要围绕数据要素从资源收集、准入、产权、激励等机制层面进行规制，对资源供给主体进行多元化整合，以"众创、开放、共享"的服务模式推进资源的汇聚共享，构建多元共创"公

---

① 白翠芳、王勃、苏炜：《京津冀公共服务数字化转型探索》，《中国国情国力》2022年第4期。

② 李实、杨一心：《面向共同富裕的基本公共服务均等化：行动逻辑与路径选择》，《中国工业经济》2022年第2期。

共资源"体系。

推进公共资源数字化市场配置，更好地发挥数据要素作用要坚持以数据合规高效流通的问题导向、服务导向，积极探索数据资源持有权、加工使用权和产品经营权"三权分置"的产权配置框架。进一步明确数据产权登记方式、登记主体、确权原则、授权机制等实践途径，加快构建数据资产、信息资源的"身份"确认标准规范和制度体系。以数字化作为公共服务改革的优先方式，以数据权益、数字红利、数字产品与服务等数据要素均衡共享作为新公共服务创新途径。强化"数字政府""平台政府"的新发展理念，将数字化作为政府提供公共服务和公众获取公共服务的优先方式。

2. 建立整体高效的运行管理体系

全面贯彻落实网络强国、数字中国战略，加快推进政府机构及其业务的数字化转型，进一步增强党政机构数字化运行能力、数字化供给能力和数字化监管能力，改革数字政府管理体制机制，加强数字化转型的法治和政策保障。健全数字化服务管理机构，优化在线化服务流程，整合电子公共服务功能，形成一体化公共服务供给平台，进一步明确数字服务的主管部门、责任单位、监管机构，强化跨部门、跨层级、跨区域的协作工作和协同监管。基于数据驱动的数字政府、平台政府建设，旨在构建一个实时、精准、务实、高效的服务提供和运行机制。通过构建一体化的公共服务体系打通全域数据，形成以大数据、云计算、智联网和算法算力为特征的治理数字化应用场景。

管理体系的高效运行需要从构建优质便捷的普惠服务、维护公平正义监管体系、营造开放共享数字空间、形成务实有序治理格局等方面着力。推动政务服务提质增效、持续优化数字营商环境，促进公共服务智慧均等，推行协同智能的生态治理和优化精准智控的应急响应与处置。加强信用监管数据互联互通和提升重点领域监管，构建一体化政务服务平台、公共数据平台和运行监管平台。以信息系统和数据交换共享中枢协议为连接通道，实现业务流、信息流、数据流在各平台之间无障碍交换，实现在最早时间、最低层级，以相对最小成本，解决最突出问题，提升数字政府整体运行管理水平。针对创新迭代和迭代改进的数字化变革特征，充分结合区域间经济社会、资源禀赋、营商环境等状况，探索基于弹性迭代机制的区域间一体化公共服务体系。

3.推进多元主体参与的协作服务

适应服务型政府多元主体参与、协作性公共治理变革要求，公共服务供给主体多元化、供给模式数字化和提供方式在线化成为信息时代基本公共服务均等化的实践新思路。政府部门要积极引导社会力量参与公共服务供给和社会管理创新实践，强化企业社会责任和社会公众主体作用发挥，加快推进数字化、智慧化公共服务事业，扶持公共服务产业繁荣发展。多元主体参与模式既要借助市场和社会主体力量实现公共服务适度竞争以提高供给质量和效率，也可以充分运用市场和社会主体的数字技术平台服务，拓展丰富公共服务供给渠道和递送范围。支持数字创意、智慧就业、智慧医疗、智慧住房公积金、智慧文化、智慧广电、智能体育、智慧养老等新业态创新发展。充分发挥互联网企业的综合性平台优势，深化电子公共服务、数字化服务和在线化服务应用与推行，整合多元主体各方的公共服务资源，依托一体化政务服务网络平台持续推动公共服务与互联网产业深度融合发展。①

建立精准供给与需求响应反馈平台。充分运用互联网、物联网、大数据和人工智能技术，建立完善基本公共服务协同机制，一方面，促进多样化数字服务不断拓展，提供更加丰富完备的公共产品和公共服务。另一方面，准确把握响应社会公众的服务需求，有效衔接公共产品和公共服务供需两端的均衡匹配。此外，通过数字技术、算法算力和并行运算的分析和建模，及时发现当前基本公共服务均等化的薄弱点和制约点。以数字技术与数字平台应用进一步拓展政民互动机制，拓宽社会公众参与公共治理和公共服务的渠道。在充分了解民众诉求，精准研判供给矛盾的基础上，将自上而下的决策与自下而上的民意反馈结合起来，制定科学、准确、有效

---

① 钱诚：《数字技术赋能城市公共服务的探索与实践》，《发展研究》2023年第4期。

的公共政策，更加深入地践行"人民至上"的执政为民理念。推进多元主体参与和协作服务，加强对公共行政运行效率和公共权力行使状况的社会化监督，让公权力在阳光下运行。

此外，要以公共服务的数字化转型促进企业社会责任和社会服务融合发展。积极引导新兴信息服务企业和网络平台新业态参与公共事业和公共服务。加速推动大数据、云计算、人工智能、物联网、区块链等新技术向公共产品、公共服务融合转变。加速数字技术与民生保障融合，着力面向群众急难愁盼问题研发数字公共服务与产品。推动数字技术与城市公共服务高质量发展融合，适应人民群众多样化、个性化、高品质的生活服务需求。[①] 通过引入社会化竞争机制和激励机制，在政府主导推进基本公共服务体系建设的前提下，吸引更多的市场主体参与公共服务领域的供给和服务，尤其是居家康养服务、健康生活服务、婴幼儿照料服务探索购买服务方式满足多元化需求，积极培育更多的社会组织承接政府购买服务。[②] 采取政府补贴方式为特定困难群体提供社会化基本公共服务，比如，通过公建民营等方式推动公办养老院持续稳固运行。在文化体育公共服务方面，加快数字技术、数字资源、数字工具在文化体育服务中的应用，创新公共文化体育服务数字化体系，合理布局公共文化体育设施网络，创新数字化公共文化体育供给形式。加强文化馆、图书馆、博物馆、体育中心、社区健身场地等基础设施的数字化建设与升级。又如，优化完善流浪乞讨人员救助管理信息系统，联合字节跳动、百度等社会力量，组建"全国流浪乞讨人员寻亲合作平台"，实现登记信息100%上传全国救助寻亲网，全面提升救助管理机构身份核查和寻亲服务能力。因地制宜推进公共服务资源协调发展，扩大优质普惠性数字服务资源并推动公共服务供给模式和渠道多样化发展，满足人民群众日益增长的基本公共服务、普惠性非基本公共服务和生活性服务需求。

[①] 钱诚：《数字技术赋能城市公共服务的探索与实践》，《发展研究》2023年第4期。

[②] 李实、杨一心：《面向共同富裕的基本公共服务均等化：行动逻辑与路径选择》，《中国工业经济》2022年第2期。

三、创新一体化服务供给场景

1. 构建一体化基本公共服务体系

构建一体化基本公共服务体系强调坚持"人民至上"的服务导向和服务理念，数字技术赋能一体化基本公共服务建设凸显公共服务的均衡性和普惠化，让全体社会公众更加公平便捷地获取需要的服务。依托数字化平台、互联网络和移动互联网，以公共服务设施、社会资源精准配置为核心，重新构建新型社会化分工合作体系，变传统的凝固式商业价值链为发散式的协作竞争商业价值网，有助于打破存在于城乡和地区发展上的各种束缚，促进均衡发展。

基本公共服务数字化、智慧化应用能够让民生关切的事项办理更加方便快捷、优质高效、安全可靠，实现"一键预约，内部扭转，最多跑一次"，助推基本公共服务降低门槛，提质增效。一体化基本公共服务体系要求强化公共产品和服务供给与获取的统筹整合，追求以电子公共服务、数字服务和在线服务为特征的服务模式和运作机制，践行以开放、共享、协作为特征的数字政府协作性公共治理，有序高效推进基本公共服务体系建设。一体化基本公共服务体系要求构建更加高效、更具韧性、更加完备的"一站式"服务，以信息技术、数智技术的更新迭代全面提升基本公共服务的可及性，从而提升基本公共服务供给质量和服务效能。

根据国务院《关于加快推进全国一体化在线政务服务平台建设的指导意见》，针对各地区各行业的政务服务事项全面实现"一网通办"是推进全国一体化基本公共服务系统的重要抓手，尤其是地方政府在推行基本公共服务一体化发展中应强化统一有序的标准和规范，实现服务指南、审批事项、业务流程和数据交换标准化。基本公共服务走向共同富裕的转型过程要求高质量的公共产品和服务，基于全国一体化政务服务平台能够让地方政府和基层政府的公共服务职能发挥得更加充实和显著。以丰富的服务资源、广阔的服务领域、透明的服务流程、公正的服务理念，实现数字服务的服务信息、服务承诺和服务质量的迭代改进。

2. 打造一体化数字服务示范

数字技术赋能一体化基本公共服务的重要作用体现在增强公共服务的可及性、便捷性和高质量。鉴于信息时代需求差异化、价值多元化和服务多样化特征不断凸显，以"共创、共享、共治、共赢"为理念构建信息时代数字服务一体化体系，实现以"互联网+"应用服务为支撑的基本公共服务供给方式、服务模式和运行机制，有利于建立包括公共政策、行政协调、资源分配、多元供给、激励补偿、监督反馈在内的全生命周期的网络化管理运行系统，确保基本公共服务均等化、非基本公共服务普惠化和生活服务个性化的多样性要求。

一体化数字服务除了适应全国政务服务一体化部署的战略要求，还可以打造一体化示范区，探索数字化新路径。突出以数据为关键要素的数字服务将是未来公共服务的重要领域，加快数据要素在经济社会生产生活中的流通，能充分释放数字经济活力，增强基本公共服务数字化转型的适应性。利用区块链、人工智能、物联网、云计算等先进技术，发挥"技术+模式"的引领带动作用，积极探索数字化公共服务的创新发展途径。①

以打造一体化数字服务示范进一步推动政务服务入口上移，满足构建跨地域、跨部门的全国统一政务服务平台建设要求，加快促成以"一网通办"为主的公共服务平台。通过整合不同地区、不同类型的公共服务供给，提供整体数字化公共服务，降低社会公众在获取公共服务时的成本开销。尤其是对于弥合城乡间、区域间公共服务差距而言，通过建立健全统一管理服务平台实现"一门式办理"，为广大农村地区群众提供统一的"一站式服务""在线化服务"，将为加快推进基本公共服务均等化提供新思路和新途径。当然，这种整合式、一体化的数字服务供给方式更需要多元公共服务供给主体间加强协同配合、提高数据整合与共享程度，充分考虑数字技

---

① 张连起：《以数字技术促公共服务区域一体化》，《光明日报》2019年3月14日。

术对相关服务需求与内容的自适应和创新驱动，以确保公共服务需求的精准整合。

3. 促进一体化生活服务场景

从数字化治理的构成要件上看，数字技术赋能基本公共服务均等化还要充分整合公共事务运行中的有关数据、算法和场景三个要素。以数据为核心的信息资源成为信息时代经济社会发展的关键生产要素，基于数据的应用和服务能够最大限度地反映事项的全生命周期过程和特征。在结果导向向需求导向的转化过程中，依托不同场景服务的线性资源交换转换为多元互动的整体性场景服务，从而更加具备公共价值创造和提升的创新空间。数字技术赋能基本公共服务构建了新型的供需交互模式，即"让数据多跑路，让群众少跑腿"的应用场景。通过"零材料""一窗式服务""一网通办、全域通办""不见面审批""实时在线自助服务"等灵活多样的创新服务，真正践行以人为本的公共管理和政务服务理念。

未来公共治理和公共服务实践更加凸显价值共创的公共服务精神。从公共服务各参与主体的需求和角色看，共享目标的实现、信息资源整合和定制化生活服务等，都要通过共创的氛围和应用场景来达成。数字技术对公共服务数字化转型的赋能效用将更多地通过"以平台为中心"的服务供给模式来实现，借助数据驱动和平台服务的理念将为公共治理现代化发展提供一种新颖的视角。以"场景化"应用导向为抓手，政务服务、公共事业服务、公共治理等各领域数字化协同场景化应用的创新及区域扩散，要注重数据治理能力、成本效益分配、弹性迭代机制等共性问题的解决。依托一体化数字服务平台、数字化协作机制，进一步完善基本公共服务数据要素的流通共享、开发利用及市场规制，充分发挥数据要素提升基本公共服务资源配置效率效能的作用。[①]

此外，还要以一体化场景服务促进区域信息技术的一体化，强化公共服务、社会保障、社会救济的数字化转型，最终实现区域性经济社会数字

---

① 白翠芳、王勃、苏炜：《京津冀公共服务数字化转型探索》，《中国国情国力》2022年第4期。

化转型、社会服务和公共治理的一体化。进一步改革公共管理和公共服务的管理体制、运行机制、办理流程和服务模式，将数据要素、数字服务、网络平台有机地整合到基本公共服务提供与获取的各个阶段。在具体实践层面可以从社会公众最关心、最直接关联的基本民生服务领域开始推进，拓宽一体化管理的范围，从社保、医保、公积金等账户逐渐扩展到工商、税务等领域，打破地区之间、部门之间的数据壁垒，以数字技术引领实现政务服务多场景智慧化应用。

四、促进卓越性公共服务重塑

1. 数字技术赋能基本公共服务智慧供给

现代化和服务型政府的数字化转型要求不断深化基本公共服务体系改革与创新，基本公共服务数字化转型需要改革政府部门公共管理和公共服务职能职责，完善其对应职能职责的领导体制、协作机制和运行方式，有效响应数字化、网络化背景下公共服务多样性、定制化的需求变化。数字技术赋能公共治理要充分吸收借鉴关于"数据＋算法＋算力"的数字化思维和方法，并演绎到公共治理的具体实践中。重点聚焦并处理好有关基本公共服务供给模式和提供方式、流程再造和服务迭代，有为政府与有效市场、敏捷政府与协作社会、效能政府与模范机关等多重维度。在数字技术赋能基本公共服务供给中应考虑三个层面因素：一是通过大数据应用和系统集成等技术提高服务效率，提供更具人性化、精准化的基本公共服务，让基本公共服务更加智能化、便利化和个性化，实现多元主体参与的空间场景重塑。二是有效控制基本公共服务成本，以网络化、在线化方式提供，追求以最小的成本获取最大的收益。三是合理配置基本公共服务资源。通过构建一体化的信息资源、数据资产运行平台，有效促进资源共享和价值共创。

深化基本公共服务数据开放和共享。以数字政府为平台进一步整合政府、市场和社会交互过程中形成的数据信息，围绕基本公共服务需求精准化和供给智慧化目标，加强数据收集、汇聚、处理和发布，构建基于一体化政务服务平台的数据交换、数据共享管道和数据交易平台，切实解决政务服务数据"不想给""不能给""不敢给"的问题。比如，在数字技术赋能公共就业服务运用数据分析精准分析就业供需匹配上，通过数据库覆盖求职者的学历、业历、资历和能力等基本信息和求职需求、性格和意愿等扩展信息，公共就业服务机构可以根据供求双方信息提供个性化帮扶服务。同时，数字技术还促进了就业公平，通过较低的边际信息成本实现。

精准化匹配基本公共服务需求。依托一体化政务服务平台及移动客户端系列，构建灵活多样的统一基本公共服务供需平台，及时掌握社会公众的基本公共服务需求。通过对供给侧和需求侧的有效衔接，发挥智慧化服务平台的点对点优势。基于区块链技术架构和工具对电子公共服务供给运行平台的参与各方权责进行监管，对服务事项及流程的关键节点、关键要素进行管理，确保数字服务系统的业务流程及数据资源的真实性、可靠性，可追溯性。构建一种新型的互信共享机制，增强政务服务和公共事业的信任度、辨识度。运用大数据技术对基本公共服务供给与需求响应的全运行周期进行分析，包括数据采集、数据加工、数据存储、画像应用、数据挖掘、深度学习和智慧输出等功能，适应基本公共服务均等化发展要求，实现从粗放式内容供给到精准化内容供给，提升基本公共服务供给质量和效能。

2. 数字技术赋能基本公共服务数据治理

信息化发展和数字化转型对治国理政的环境和途径带来新的挑战，重点在围绕数字关键要素的数据治理。应进一步完善数据管理技术规范、指南和标准，明确数据集更新周期，探索数据使用模式，强化数据治理能力，满足政府治理体系和治理能力的需求，推进政府公共服务与社会治理模式进步。

首先，加快公共服务与社会保障基础数据库建设。数据库是整个基本公共服务均等化系统的基础，它承载着数据连通的重要作用。建设好数据库，对后期的数据收集、修改和管理起到重要作用，更重要的是为数据安全做好底层的工作。比如，在国家社会组织法人库建设方面，通过构建新版全国社会组织政务服务平台、全国性社会组织网上办事平台，动态汇聚超90万家社会组织法人信息，主动公开社会组织信用信息，实现全国性社会组织基础登记、行政许可、行政处罚等在"信用中国"平台分类公示，持续完善全国社会组织投诉举报平台功能和信息分类，对互联网平台涉嫌非法社会组织的账号进行整治。

其次，通过对基本公共服务数据治理推进公共服务价值共创。在基本公共服务走向共同富裕的过程中，多元主体参与、协作性公共治理都要求实现基本公共服务价值的持续丰富完备。政府通过对信息公开和数据开放，能够激发市场主体在基本公共服务过程中的创新和创造力，这种创新结果的反馈也将推动政府的数据治理走向有序的质效，促进整体的公共价值共创。进一步完善基于微信、App 等移动智能终端开展驻村登记、智能咨询、网上预约、材料预审、在线办理和结果反馈等便民服务。通过人脸识别、指纹比对等技术提升政务服务的数字化、精细化、智慧化水平，进一步拓展区域间、行业间政务信息平台互通、信息共享的试点领域范围，并定期开展数据筛查、数据比对和数据清理，积极探索社会化数据服务。

最后，加大政府职能部门和行业应用系统整合力度，构建数字政府一体化应用和服务体系，优化提升一体化政务服务平台供给能力。进一步深化政府门户、信息与数据、业务流程等集成工作，实现政务服务的系统耦合、相互支撑、融为一体。推进政务系统清单化、流程化管理，采用信息系统集中统一管理公共服务事项、流程及原型系统并动态更新，做好数字化转型过程中新旧系统间的自由切换。积极推进区块链、人工智能等新技术在政务服务系统中的创新应用，依托国家一体化在线政务服务平台和国家共享交换平台，以居民身份证、统一社会信用代码为标识，利用二维码技术构建网上统一身份认证体系，打通横向数据接口和纵向服务界面，实现用户通、数据通、系统通、业务通。积极推进数字服务专区综合集成，通过汇聚跨部门、跨层级的政务服务事项与便民惠企应用，助力公共服务"掌上办、网上办、一站办"。

3. 数字技术赋能基本公共服务安全保障

近年来，我国先后颁布施行《中华人民共和国网络安全法》、《中华人民共和国数据安全法》、《中华人民共和国个人信息保护法》和《中华人民共和国政府信息公开条例》，从立法与法治的角度增强对国家、社会和公民的数据安全、信息安全保护。

首先，数字政府安全涉及数据安全、政务系统安全、公共安全和国家整体安全，数字政府中的基本公共服务均等化系统安全也是如此，安全置于重中之重。[①] 应从制度到技术全方位加强网络安全和信息安全，鼓励网络安全和数据安全的技术创新，对技术创新突破制定激励机制。将网络安全、数据安全和个人信息保护要求嵌入所有政务服务系统体系架构、软件和应用程序、公共访问终端。实施政务云、电子政务网络、视联网、物联网等基础设施建设任务和建设一体化应用支撑平台的六大能力中心和安全防护体系等手段。

其次，强化政务数据共享安全保障，完善安全管理制度，建立数据安全评估制度，对共享数据实行分级分类管理，防范数据泄露、滥用、篡改。强化政务系统监管，形成完备的网络安全与信息安全防范、监管、通报、响应和处置机制，保障政务业务安全、数据安全、运营安全，保证数字政府建设有序推进。强化对关键信息基础设施的安全保护。针对承载政务服务业务专用的政务网络，实施更加安全可控的网络保护技术，强化对关键数据资源的保护能力，不断增强数据安全预警和溯源能力。健全国家电子政务网络安全保障机制，形成中央到地方统一的国家电子政务传输骨干网，建成基本满足各级政务部门业务应用需要的政务网络。

最后，加快制定有关数据确权、数据流通、数据算力算法等新兴领域和业态的法律法规。为了更好地实现数据利用，在法规施行的基础上，采取强有力的技术措施保护隐私和提高网络安全性，规范数据使用，保护数据权益。积极推进电子证照应用推广，梳理细化电子证照应用场景，制定

---

① 王钦敏：《推动数字政府高质量发展　不断完善国家行政体系》，《中国行政管理》2021年第12期。

电子证照场景清单，推出结婚证、出生医学证明等事关民生服务的高频电子证照，全面推动电子证照向服务社会便利化、营商环境优化、移动执法等场景延伸扩面。

五、增强数字化服务素质能力

1. 夯实数字政府建设人才支持与保障

政府的数字化服务能力和水平关系到经济社会数字化的进程及质效，加强以提高网络综合治理能力、信息化发展引领、网络意识形态领域和网络安全防范为主要内容的数字素养与能力体系建设，事关政治、经济、文化、社会、生态等领域信息化发展和数字化治理。2021年11月，中央网络安全和信息化委员会印发《提升全民数字素养与技能行动纲要》，对提升全民数字素养与技能作出安排部署。提升全民数字意识和数字素养，彰显新一代数字技术对公共服务改革实践的贡献度。要着力提升公共服务提供者、参与者和管理者的数字素养，将数字素养融入各级各类培训项目，转变公共治理共同体的治理理念，提升数字素养与技能，保障专业的公共服务供给。

首先，强化数字政府建设，构建适应公共服务数字化转型的人才支撑体系。基本公共服务的数字化提供离不开各种信息技术和信息系统、一体化政务服务平台和灵活多样的智慧客户端，都高度依赖应用背后的技术开发团队、信息服务团队和运行管理团队，可以探讨基于政府、企业和社会公众共同组建的公共产品和基本公共服务数字化建设协作体。深化数字人才发展体制机制改革，激发数字人才的创新潜力和活力。进一步优化基本公共服务数字化供给结构，通过全面参与、内外结合等方式，将更多的服务主体纳入基本公共服务体系。同时，支持多主体参与助推基本公共服务精细化分工，让更专业的主体负责更擅长的业务，推进整体性基本公共服务提质增效。

其次，转变政府公职人员公共管理与服务习惯。推动数字技术赋能公共服务供给模式变革，需要进一步转变基本公共治理主体的治理理念。数字政府的决策环境、运行环境、监督环境、治理环境都发生了重大变化，尤其是更加凸显以人民为中心的"人民至上"理念，数字化变革所带来的"用户至上"互联网思维直接影响到公共治理和公共服务的方式，即政府公职人员学习掌握数字化转型背景下数字服务的认知和意识，转变行政行为方式和政务服务习惯，加强数字化服务场所和情景设计，采用新的数字化服务方式与服务对象进行沟通。转变政府公职人员、社会公众对数字化转型和数字服务共建共享的认知，在政务服务大厅、医院、交通枢纽等服务场所设立志愿者、引导员或服务员。依托城乡社区综合服务设施开展宣传培训，为群众提供指导和协助，助力提升数字公共服务使用技能。

最后，进一步拓展数字政府建设与运维人才队伍。建立健全数字政府建设中政府与高校、科研院所和信息企业的合作机制。积极探索数字政府"产、学、研、政、企、金"一体化的人才支撑和数字化服务保障体系。围绕数字生活、数字学习、数字工作和数字创新，结合公共治理和公共服务从供给侧、需求侧分层次、分类别、分阶段推进服务型政府的数字化转变，充分发挥数字政府的功效，推动基本公共服务均等化。

2. 提高全民数字素养和数字生活技能

数字技术赋能经济社会发展更多地体现在创新模式、创新方法和创造新业态、创造新工具层面，客观上要求提供者、使用者和管理者从思维方式、工作路径和实际操作层面实现数字化转变。当前，政府部门在数字化、信息化能力建设方面还存在短板弱项，如"不会用、不愿用；用不来、用不好"等问题，数字能力跟不上数字技术变化速度。[①] 而对于广大的社会公众而言，信息化发展、数字化变革使他们无法跟上和适应这种快速变化的步伐，数字化能力、信息能力和应用能力的缺失增加了生活工作中的困难，让他们产生了一种被社会遗弃的感觉。要通过各类传播媒体、学习培训机

---

① 钱诚：《数字技术赋能城市公共服务的探索与实践》，《发展研究》2023年第4期。

构等开展全民数字素养提升行动，宣传普及信息知识和数字技能。贯通政府部门与社会公众、政府与企业，以及政府与其他组织的数字化连接，让数字化公共服务供给创造更大的价值。

首先，开展信息普惠和数字素养教育。要通过各类传播媒体、学习培训机构等开展全民数字素养提升行动，宣传普及信息知识和数字技能。重点对"一老一少"群体开展数字素养、数字化生存方面的知识普及和技能培训，比如，在中小学等基本公共教育领域全面开展信息技术和数字技术课程，把信息教育转变为终身学习。对于老年人群，通过社区志愿服务、老年大学和社会培训机构开展一对一的辅导。通过推进基于互联网的养老服务，加快推进养老机构网上备案，制定解决老年人在民政服务领域运用智能技术困难实施方案，保障老年人基本服务需要，弥合老年人面临的"数字鸿沟"。

其次，加大数字技术应用的宣传教育培训。围绕数字生活、工作、学习、创新等需求，运用视频、动画、VR/AR、直播等载体形式，做优做强数字素养与技能教育培训资源。提升市民数字素养和参与意识，为更多更广泛的社会群体提供更多更公平的基本数字素养、数字技能教育服务。集聚全社会优质学习资源，搭建全民终身学习公共服务平台，满足社会成员多样化、个性化学习需求，让人人皆学、处处能学、时时可学。

最后，营造普及性数字化生活培育环境。充分利用社会化教育资源开展社区居民数字素养教育和数字技能培训，构建一个公众参与广泛、运行机制创新、以学习共同体为主体、以智慧化学习环境为支撑、以优质教育服务供给为保障的共建共享学习型社区。支持社区组建数字技能公益服务团队，依托社区党群活动中心开展"数字技能进社区"等培训宣传，鼓励社区设立数字服务志愿者、引导员，引导社区居民用好数字产品和服务。鼓励行业协会、社会组织、企业等第三方服务机构充分发挥市场化优势开展信息素养、网络素养和数字素养委托培训。

3. 提升领导干部数字素养和网信能力

数字政府成为引领数字化转型的新方位，要增强领导干部和公务员数字思维、数字认知、数字技能等数字化履职能力。2018年，联合国教科文组织在整合已有素养框架并进行实证研究的基础上，以欧盟数字素养框架为蓝本，从设备与软件操作、信息与数据素养、沟通与协作、数字内容创建、数字安全、问题解决、职业相关能力七个维度构建数字素养框架。结合我国《提升全民数字素养与技能行动纲要》，领导干部的数字素养包括数字感知与意识、数字知识与技能、数字思维与方法、数字伦理与安全等四个维度。提升各级领导干部数字素养与能力，更好地服务于国家全民数字素养与技能行动战略部署要求，以领导干部和公务员数字素养提升引领全民数字素养与技能行动持续有序发展，为新时代建成网络强国、数字中国、智慧社会提供坚实稳固的人才支撑。

首先，将数字素养纳入干部教育培训体系。把数字素养与能力建设作为干部教育培训的重要内容，优化专业课程设置，定期开展专业培训。建立多层次、多类型的领导干部数字素养全员培训体系，开设系统性课程分领域、分层次、分梯度有序开展数字素养教育。在领导干部专门知识和业务技能培训中加大数字经济、数字社会和数字政府等相关课程资源，以熟练掌握有关信息素养、数字素养基础知识，提高信息资源检索、获取与甄别技能，数据安全和信息安全能力。在干部教育培训中加强对互联网思维和数字化思维的教学与研讨，培育领导干部建立起数字化变革、数字化转型和智慧化赋能的数字化发展理念。多渠道推动领导干部和公务员充分运用数字技术了解民意、开展工作，提升学数、用数、治数的现代化履职能力。

其次，打造一体化干部学习平台。整合政府部门信息系统／业务系统、政务服务平台与数据资源，实现与干部教育培训数字平台的有效对接，以党政机关信息系统／业务系统的专项培训有针对性地提升领导干部的数字技能与思维。整合线下教育培训机构和线上视频教学模式，打造一体化干部学习平台。着力提升各级领导干部互联网规律把握能力、信息化发展驾驭能力、网络舆论引导能力和网络安全保障能力。全面融合线上线下教育培训模式，构建全方位整体性学习网络。建立干部在线学习培训平台，做到领导干部数字素养培训全覆盖。充分运用数字技术、全媒体技术、人工智能技术和信息化设施设备，创新领导干部数字素养与能力教学模式。

再次，开发数字素养培训课程体系。针对领导干部在数字知识、数字思维、数字技能、数字意识、数字创新等方面存在的问题和不足，在各级党校（行政学院）、干部培训基地的教育培训工作中，进一步加大领导干部数字素养与能力的提升课程设置和教学，包括基础课程、核心课程与拓展课程。基础课程以习近平网络强国重要思想和关于网络安全和信息化重要论述为核心夯实理论基础；核心课程围绕数字中国建设以数字政府、数字经济、数字社会、数字生态为核心，全面了解与掌握数字技术创新驱动发展的战略布局、政策体系、发展举措等。拓展课程包括数字技术领域、数字信息领域、数字交流领域、数字安全领域以及问题解决方面的素养与能力。

最后，开展数字化应用场景教学。依托培训单位现有资源，也可以根据各个地方的数字经济、数字政府等发展情况，适当选择社会组织、企业等，建立数字素养与技能教学基地。开展现场教学和体验式教学，加深对网络强国、数字中国、智慧城市等最新实践进展及发展状况的整体把握。按照建设高素质专业化人才队伍的目标要求，拓展领导干部数字素养与能力教育培训的渠道、平台和途径。以体验式教学深化数字化工具与平台的应用，以讲授式教学深化数字知识的了解与掌握，以研讨式教学促进数字情境下的分析与思考，推动问题的发现与创新解决。

六、完善数字化基本公共服务评价指标

1. 健全法规和标准体系

基本公共服务规范化、标准化是公共服务高质量发展的前提条件，数字技术嵌入基本公共服务均等化需要构建明晰可行的服务标准、流程标准、事项清单和服务规范。数字技术嵌入基本公共服务均等化还要强化技术与治理的均衡关系，既要避免数字服务、在线服务的数据滥用、数据侵权和数据泄露，又要防止数字服务应用的阶层固化和代际落差。通过建立健全基本公共服务的法律制度规则保障各方利益，确保基本公共服务和其他社会服务优质均衡发展。充分吸收借鉴数字经济、平台经济和市场化服务的新业态、新场景，创新基本公共服务供给模式和获取方式，推进数字公共服务标准化建设，以数字技术标准化推动基本公共服务标准化。

首先，健全制度规范和法律法规。积极推动新形势下数字政府、数字化服务和电子政务公共服务相关政策和制度的法定化、规范化，加强涉及数据要素和个人信息保护与网络空间法治建设，加强数字化转型背景下的依法行政、公正司法和数字立法，加快基于网络运行和数字权益的法律法规和行业标准、规则的制定修订。加强国内外电子政务交流与合作，推进新型数字智库建设，完善重大政策、重大项目专家咨询制度。明确在公共服务对象、服务内容、服务标准中的数字技术规范，完善重点民生领域数字标准规范，加强各种行业标准间的统筹衔接。逐步建立具备查询、公开、宣传、共享等一体化功能的基本公共服务标准信息资源库。全面推进政务服务标准化、规范化、便利化，形成高效有序、制度健全的政务数据共享协调机制和标准规范体系，推进数字政府法治化进程，依法保障基本公共服务均等化、非基本公共服务普惠化和生活性服务社会化。

其次，围绕政府数字化转型和数字服务体系和框架，制定符合数字政府运行规范、数字服务均衡提供的技术标准规范体系，为跨部门、跨层级、跨区域、跨领域的信息系统数据共建共享提供技术标准支持，包括数据编目指南、数据接口标准、数字服务模式等。[①] 为不同公共服务系统的数据连通提供可遵循的指南，实现不同时期的应用系统迭代升级与工作协同。基本公共服务均等化绩效评价的数字化呈现从公平、均衡、普惠和质效等关键要素进行综合考量，其他相关指标要素可以是可及性、适应性、可靠性、回应性、时效性、公开性和有形性等方面，相应的评价工具包括基尼系数、

---

① 胡税根、杨竞楠：《发达国家数字政府建设的探索与经验借鉴》，《探索》2021年第1期。

泰尔指数、变异系数、洛伦兹曲线等，评价的层次重点聚焦省级和市级。加快建立生活服务业标准体系，健全推动生活服务业高质量发展的行业标准、推荐性标准、强制性标准体系，推进居民生活服务质量认证工作，提高行业标准的执行力。

最后，全方位加强基本公共服务网络安全和信息安全。严格贯彻执行个人信息保护法，依法保护基本公共服务供给与获取过程中有关社会公众、企业的数据和信息安全，维护公民的数据权益和个人隐私。加大打击非法入侵数据、非授权获取数据、数据欺诈等违法行为的力度，建立健全国家数据安全和网络安全法治保障体系。此外，在优化基本公共服务供给与获取渠道和服务环境方面，打造营商环境新高地。紧盯体制性障碍、机制性梗阻、制度性瓶颈，持续深化"放管服"改革，全面推开"一件事一次办"，推进政务服务"一网通办""一网办好"，建立和完善优化营商环境评价机制和考核机制。

2. 设置评价维度和指标

在清单制、规范化的服务中，建立系统完善、层次分明、衔接配套、科学适用的基本公共服务指标指南，以标准化促进基本公共服务均等化，以均等化促进民生保障、社会治理、公平正义和共建共享整体水平。以数字服务标准科学衡量服务的均衡性、合理性与实效性，从而推进数字服务的绩效评估和后期改进。

首先，制定精准务实的基本公共服务评价体系。与国家基本公共服务均等化政策目标有机衔接设置评价维度与评价指标，以《国家基本公共服务标准》(2021年、2023年版)为基准，制定完善本地区本行业基本公共服务细化指标和规范。重点对涉及基础教育、医疗健康和社会保障领域的指标项目的数量、质量、服务和渠道等建立清单制和规范指引，建立健全政务服务和事项办理的一、二级指标，实现基本公共服务全周期规范化管理。相关服务事项衡量指标包括用户需求响应度、使用方法便捷度，服务内容的公开度及服务质效的精确度等。充分考虑政府职能部门业务量的周期性、随机性，分析其非线性和非平稳统计特征，科学预测特定时间的业务办理量，根据各项政务特点及群众需求提前做好政务服务安排，提高群众的满意度。[①] 以业务成本、业务完成率、用户满意度、数字服务接受率等为关键设置数字服务的关键指标，对所有的政务服务事项进行评价。对基本公共服务供给和运行机构还可以从开放标准、安全与隐私保障等方面制定评价要素，真正打造"以人民为中心"的服务型政府和数字政府。

其次，完善数字政府沟通反馈平台。构建基于数字政府的开放政民、政企沟通、互动和反馈平台。数字技术赋能政府的数字化转型，除了实现基本公共服务供给提质增效，更加强调其供给绩效的社会公众满意度。数字政府所提供的政务服务和开展公共治理成效的好坏应由社会公众来评定，尤其是基于大数据分析和网络运行效能的测评使社会公众对各种管理和服务事项的满意度更好地数字化、具象化，从而能够更加直观准确地反映出社会公众使用服务的满意度和服务获得感。数字政府的建设为基本公共服务供给体系提供了一个渠道开放、指标多元的反馈评估和监管机制，有力提升了公共决策的针对性、精准性和合理性，促进政府部门根据社会公众的满意度和需求适时改进工作流程，调整服务方式和服务内容，持续提高基本公共服务供给质效。

最后，构建适应互联网环境下的在线基本公共服务、数字化基本公共服务评估体系。推行多元评价主体的一体化评估，让基本公共服务的对象——社会公众成为评价主体，形成责任清晰、多元参与、依法监管的数字化基本公共服务质量治理格局，对基本公共服务均等化质效的评估有利于识别均等化与共同富裕进程中的短板弱项，推动监测共同富裕的实现程度、阶段性目标达成度和群众政策感知度，强化共同富裕的过程监测机制。及时跟踪评估基本公共服务数字化改造的实施效果，动态优化城乡一体化公共服务数字化评价。

3. 强化绩效评价与审计

社会公众对基本公共服务供给情况的评价是基本公共服务绩效评价反

---

① 钱诚：《数字技术赋能城市公共服务的探索与实践》，《发展研究》2023年第4期。

馈的重要来源，也是保障基本公共服务均等化、高质量供给的重要途径。基本公共服务数字化评价指标需要重点衡量基本公共服务发展水平与均等化实现程度的锲合度和一致性。坚持基于结果导向、问题导向和服务导向的绩效测度，兼顾公共服务供给与获取实现全过程的监督与评价。对基本公共服务领域全面实施绩效预算审计，将基本公共服务发展质量纳入考核体系。

第一，建立健全数字化基本公共服务绩效评价体系。探索设置科学精准的基本公共服务绩效审计指数，从数字化供给、数字化服务、数字化管理、数字化保障、数字化审计等维度设计一级指标，并细化二级指标和主要考核点。进一步完善基本公共服务社会化评价指标，包括基本公共服务供给充足率、社会公众满意度、公共产品与服务好差评等方式。采用多元化审计模式和方法，对基本公共服务的"投入—生产—供给—成效—反馈—投入"完整链条进行全程监督。紧盯"提升人民群众获得感"的目标对基本公共服务高质量发展"投入—产出—感知"全链条开展绩效审计。推动以评促建、以评促改、以评促管，提高基本公共服务的均衡性和可及性水平，要求政府相关部门明确各个审计监管机构不同的监督机制与监管范围，以便更有针对性地对基本公共服务项目进行专项监管。同时，审计机构还要充分了解基本公共服务项目的服务范围、目标任务、执行流程和质量要求，结合实际的评价标准准确、公正地为公共服务提出建设性意见，使其能得到社会公众的认同和支持。另外，探索建立基本公共服务审计的监督、揭示、处理和整改机制，及时发现基本公共服务高质量发展过程中存在的问题和痛点难点；结合绩效审计的曝光、评估、预警等机制和手段，有效防范化解公共服务高质量发展过程中存在的潜在风险。[1] 依法监督公共服务政策和措施落实情况，提高公共服务供给的资源配置效率。

第二，强化公共服务财政支出绩效审计。公共服务均等化和高质量发展都是源于政府公共财政的投入保障，其使用和执行情况需要审计的全面

---

[1] 黄海艳、张娜:《国家审计赋能我国公共服务高质量发展的路径研究》，《中国行政管理》2022年第4期。

监督、评价，尤其是公共服务事项的申报、评审、立项、实施和验收等全周期各环节的监督评估。加强公共服务财政转移支付预算审计，重点审计公共财政转移支付开支是否符合基本公共服务均等化、均衡发展要求，以及审计资金分配管理使用中存在的侵占挪用、截留克扣等问题。进一步压缩一般公共服务支出，强化公共服务项目财政资金使用的数字化监管，对基本公共服务项目资金的投入、分配、使用、管理等进行全周期全流程的跟踪审计；进一步强化公共服务项目清单制和信息公开。[①] 通过公共服务绩效审计揭示问题、分析问题，并及时反馈，提高公共服务绩效审计信息的透明度，充分发挥审计工作的社会监督职能，切实提高公共财政资金支出的质效。

第三，充分运用数字技术赋能基本公共服务绩效评价。依托数字政府网络平台和运行体系，突出基本公共服务供给的顶层设计和统筹协同，按照系统性、整体性、协同性和开放性深化电子公共服务服务平台和数字化基本公共服务获取渠道的建设。加强基本公共服务供给数字化监管和审计，实现基本公共服务全过程、全方位、多主体、多层次的立体化、一体化监管。通过基本公共服务提供和使用情况、满意度情况的大数据分析，有效整合审计和评估数据，基于"云计算"系统提升远程办公协同能力和数据开发与治理水平，便于基本公共服务项目受到更好的审计监督，也有利于提升政府公信力和服务效能。

第四，将基本公共服务数字化评价和满意度作为考量基本公共服务供给质量的优先标准。充分发挥社会公众的监督作用，在基本公共服务供给与获取过程中建立更广泛的公开办事制度，把人民群众所关心的基本公共服务热点、焦点问题作为监督重点，充分发挥新闻舆论监督的作用。进一步扩大基本公共服务信息公开和公众评价，持续拓展社会公众对基本公共服务满意度评价、反馈和监督渠道。深化政府信息服务渠道建设，强化市政府门户网站和"两微一端"的在线服务能力。加强政策解读发布，创新

---

① 弋俊楠：《国家审计推动公共服务质量高质量发展研究》，《上海商业》2021年第8期。

互动形式，完善公众意见的收集、处理、反馈机制，保持政府与市民之间实时、双向、参与式的连接。促进市民热线"12345"与服务平台的全面融合，加强与各专业服务热线的信息共享与处置协同，深度挖掘热线资源的辅助决策功能。同时，还要加强对基本公共服务供给主体的考核。以基本公共服务资源和公共政策投入绩效评价为抓手评估追踪政府部门及公职人员的受托责任履行情况，引导并推动社会公众参与监督领导干部经济责任履责情况。

第五，在基本公共服务评价指标体系中还应重视诚信服务建设。诚信建设是基本公共服务信用体系的重要组成，充分运用数字技术和数据算法建立健全社会信用记录与共享平台，加强信用监督和管理，构建一体化公共服务、生活服务和社会服务的信用体系和满意度评价体系，建立健全守信激励和失信惩戒机制，弘扬诚信文化，推进社会事业和社会生活诚信体系建设。

第七章

社会生活和美——数智化公共服务应用场景勾勒

基本公共服务均等化和共同富裕的价值归宿都指向坚持以人民为中心的民本思想、人民至上的服务理念的使命与追求。未来数字政府的应用场景将是对电子政务、电子政府、网上政府的超越，实现服务型政府建设的数字化转型、现代化重构。聚焦到政府公共服务职能的改革深化，就是要朝着"协同一体化、服务便利化、治理精准化、发展集约化"的目标持续改进，以建设数字政府和实现数字化转型推进社会主义现代化国家行稳致远，助力推进国家治理体系和治理能力现代化。公共服务一体化数智应用场景将会是融合现实社会和网络空间为一体的协同治理、智慧治理新型场景，以实现公共服务高质量发展、高品质生活服务供给，最大限度地契合人民日益增长的美好生活愿景。

一、基本公共服务均等化、共同富裕与中国式现代化

综观我国"五位一体"总体布局和中国式现代化发展战略布局，在完成决胜脱贫攻坚历史性成就基础上，在加快推进基本公共服务均等化走向共同富裕，进而迈向建设社会主义现代化强国的征程中，公共治理和公共服务作为国家治理体系和治理能力现代化的重要组成，是党和政府必须共同肩负的使命和责任。从理论发展的角度看，建设现代服务型政府更加聚

焦适应信息化发展、数字化变革公共治理之道，改革政府自身的行政管理体制机制、公共治理模式，协调跨部门、跨层级的行政审批流程标准，有序引导社会公众、社会组织等参与包括公共服务设计、生产、供给、评价在内的整个服务过程，以"服务共创""价值共创"转型升级更好地满足社会公众的个性化、精准化、多元化服务需求。[1]

1. 数智化引领公共服务与共同富裕

从实践进路的角度看，公共治理的价值追求是维护社会公平正义，持续改善民生福祉。对发展中国家而言，实现基本公共服务均等化，不断提高普惠性公共服务供给能力和保障水平是改革发展的必然要求。要推进人民群众全方位、全要素的生活福祉改善；补齐基本生活服务短板和缺项，完善以"七有两保障"制度保障体系，解决没有得到有效保障的群体的刚需。同时，还要持续扩大社会中等收入群体规模，改革公共财政支出结构和配置政策，弥合城乡间公共服务差距；扩展物质富裕范畴，丰富传统文化中的民生观和精神富裕内涵；改革制度保障体系，实现对基本公共服务和普惠性公共服务的"全景化"保障。在更高层面，按需打造个性化、定制化公共产品和公共服务，打造移动民生服务平台和政务服务一体化平台（见表7-1）。

表7-1 不同阶段数智化引领基本公共服务均等化、共同富裕与现代化进程比较

项目	基本公共服务均等化	共同富裕	中国式现代化
重要文件	《"十三五"基本公共服务均等化规划》、《"十四五"公共服务规划》、《国家基本公共服务标准》（2021年版）（2023年版）、《基本公共服务领域中央与地方共同财政事权和支出责任划分改革方案》	《中共中央关于制定国民经济和社会发展第十四个五年规划和二〇三五年远景目标的建议》（2021年11月）	《高举中国特色社会主义伟大旗帜 为全面建设社会主义现代化国家而团结奋斗》（2022年10月）

[1] 姜晓萍、郭宁：《我国基本公共服务均等化的政策目标与演化规律——基于党的十八大以来中央政策的文本分析》，《公共管理与政策评论》2020年第6期。

项目	基本公共服务均等化	共同富裕	中国式现代化
实现时间	2035 年	2035 年	2050 年
战略追求	物质生活丰富	精神生活富裕	社会生活和美
核心价值	以人民为中心的公共服务	以人民为中心的公共服务	人民至上的生活服务
关键要素	制度化、精准性、流程化、多渠道	中等收入群体显著增长、高质量公共服务供给、自信自立的精神富裕、全生命周期服务贯通	高品质的生活服务、多元化智慧社区服务、全景式生活场景服务
价值意蕴	实现社会的公平正义和福祉共享	渐进共享的价值追求、期望满足的需求实现、社会进步的目标指引	聚焦人本化、数字化和社会化的价值维度
服务要旨	普惠化个性化相协调、线上线下一体化协同、政务服务数据开放共享、体现社会政策兜底效用	公共服务治理理念模式转型、公共服务供给侧结构性改革、公共服务财政支出结构转型	发挥公众作为个体对社区、群体和社会的公共服务能动作用；推行公共服务提供与获取的模式创新、方法创新和内容更新；鼓励众创、众包、众扶、众筹生活服务和智慧生活新模式新场景
主要任务	推进人民群众全方位、全要素的生活福祉改善；补齐基本生活服务短板和缺项，解决没有得到有效保障的群体的刚需；完善以"九有"制度保障体系	扩大社会中等收入群体规模，改革公共财政支出城市偏好，弥合城乡间公共服务差距；扩展物质富裕范畴，丰富传统文化中的民生观和精神富裕内涵；改革制度保障体系，实现对基本公共服务和普惠性公共服务的"全景化"保障	按需打造个性化、定制化公共产品和公共服务，打造移动民生服务平台和政务服务一体化平台

2. 数字赋能基本公共服务体系现代化

站在理论嬗变的视角审视信息化发展、数字化转型对基本公共服务供给能力与水平的赋能提质作用，应该看到数字时代人类社会生产生活方式正在发生系统性的重塑，国家经济社会结构和形态也正在发生整体性重构。公共服务领域的数字技术、智能技术应用，将持续推进基本公共服务供给内容、范围和模式的发展创新。综观数智技术赋能基本公共服务均等化走向共同富裕和治理现代化的未来走向，在目标导向全面实现"七有两保障"系统性制度支撑的基础上，公共服务体系的完备成为共同富裕和现代化扎实的社会基石。在战略追求上，公共服务供需结构将从物质生活丰富、精神生活富裕、社会生活和美三个层次构建一个需求框架体系，成为现代化服务型政府的基本规范和要求，如图7-1所示。

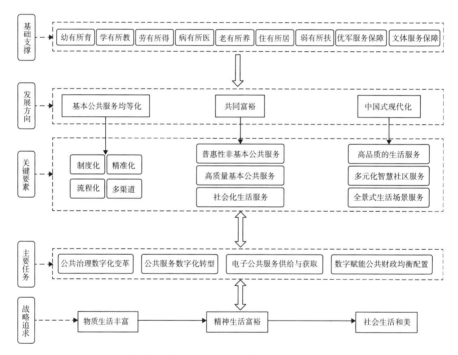

图7-1 数字赋能基本公共服务均等化走向现代化的演进逻辑

在实践层面，坚持以人民为中心，以提升人民群众获得感和幸福感为目的加快数字政府的建设。构建一体化政务服务平台，推行跨地域跨层级的"一网通办"，创新政务服务一次办、网上办、掌上办，推动政务服务的理念、方式、手段的创新，变革服务模式，使政务服务更便捷、智能和高效，办事创业和营商环境更优化。着力改善弱势群体政务服务体验，让数字红利惠及大众，提高社会公众的满意度。

总之，基于公共服务均等化推动共同富裕走向现代化的发展逻辑分析，面向共同富裕的基本公共服务被赋予了新的、更加重要的使命——对于促进全体人民共同富裕具有兜底和赋能的双重作用。可以预见，公共服务一体化数智应用场景将会是融合现实社会和网络空间的协同治理、智慧治理新型场景，以实现公共服务高质量发展、高品质生活服务供给最大限度契合人民日益增长的美好生活愿景。

二、基本公共服务与非基本公共服务一体化

综观我国基本公共服务均等化的实践历程，从治理战略与改革政策看，国家先后制定出台推进基本公共服务均等化规划、国家基本公共服务清单、基本公共服务标准体系及基本公共服务领域中央与地方共同财政事权和支出责任划分改革方案等关于基本公共服务均等化的一系列公共政策。政策目标呈现"普惠化—均等化—优质化"的迭代演进规律。公共服务政策实践经历"普惠化—均等化—优质化"迭代改进过程。从整体效用和服务范畴看，普惠化解决服务事项的公正可及性，均等化解决政务服务的广泛公平性，而优质化数字服务保障发展高质量。[①] 因此，基本公共服务均等化解决基础民生层面的公平正义，而普惠性非基本公共服务和共同富裕场景下的公共服务事业将着重聚焦精神生活层面的公平效用。政府数字化转型推进公共服务领域改革深化，就是要在数字技术赋能公共治理和公共服务运行和管理效率、创新治理机制和服务模式上不断取得进展。

从目标导向看，建设数字政府，推动数字化赋能，最终目标在于提高人民生活品质。站在社会公众的角度，数字政府建设将进一步拓展和保障人民群众的"四权"和灵活便捷的公共服务获取渠道，而对于政府而言，

---

① 姜晓萍、郭宁：《我国基本公共服务均等化的政策目标与演化规律——基于党的十八大以来中央政策的文本分析》，《公共管理与政策评论》2020年第6期。

数字政府建设能够持续改进公共服务供给，提升政府公信力，是打造服务型政府、效率政府、在线政府的关键。从问题导向看，推进政府数字化转型就是要持续深化行政管理体制改革，从均等化的基本公共服务走向共同富裕的现代化公共服务将是一个中长期过程，需要改革与之相对应的激励、制度机制及其政策体系。[①] 公共服务现代化转型是实现以人民为中心的服务模式创新。在此过程中，为更好地回应社会公众对高质量公共服务、现代化数字服务场景的需求，要求改革政府自身的行政管理体制机制、公共治理模式，协调跨部门、跨层级的行政审批流程标准，有序引导社会公众、社会组织等参与包括公共服务设计、生产、供给、评价在内的整个服务过程，以"服务共创""价值共创"转型升级更好地满足社会公众的个性化、精准化、多元化服务需求。[②]

1. 重要特征

（1）制度化——厘清勘正基层政府的基本公共服务职能

基本公共服务均等化的制度保障更多强调的是通过运用行政决策机制及其财政制度，以公共财政预算与执行制度和转移支付的方式，有效地调控公共服务薄弱地区与弱势群体的公共产品供给。基于公共产品和公共服务供需两端均衡化的特点，制定各级政府对基本公共服务的支出责任和制度分配责任，充分发挥市场主体和社会主体的作用。[③] 强化地方政府尤其是基层政府的基本公共服务职能，加快政府职能转变和数字化转型步伐，通过全面、精准、翔实的数据分析，对行政审批和政务服务改革与实践问题进行整体性检视，进一步细化基本公共服务事项与责任分工，逐步改变目前基层政府职能与财政投入、转移支付平均用力、重点不突出、功效不明确的情况，聚焦公共服务领域特别是基本公共服务领域，优先解决好市场

---

① 郁建兴、任杰：《共同富裕的理论内涵与政策议程》，《政治学研究》2021年第3期。

② 姜晓萍、郭宁：《我国基本公共服务均等化的政策目标与演化规律——基于党的十八大以来中央政策的文本分析》，《公共管理与政策评论》2020年第6期。

③ 丁元竹：《实现基本公共服务均等化的实践和理论创新》，《人民论坛》2022年第5期。

严重失灵领域的问题。[①] 要坚持以社会公众需求为导向，制定并推行公共设施配置标准和基本公共服务规划，进一步改革完善政府机构和公共部门职能与审批流程，不断完善基本公共服务均等化体制机制，统筹谋划基本公共服务、普惠性非基本公共服务和生活性服务，强化重点领域、欠发达地区及薄弱环节的公共服务布局。[②]

（2）精准化——建立健全明晰的公共服务清单

基本公共服务均等化本质上是维护与社会公众息息相关的教育、文化、健康、居住、出行等日常活动的全生命周期要素的供给与获取的公平正义。数字技术赋能基本公共服务均等化体现在公共服务供给的精准、高效上。首先，是对上述这些公共服务事项进行精准清晰的界定、数字化的描述、数字服务方式呈现，这些要素同时也是普惠性非基本公共服务事项的共同构成单元。其次，响应社会公众需求变化适时设定基本公共服务事项及其标准。按照建立健全国家基本公共服务制度体系和指标体系的要求，在整体层面上推动基本公共服务供给能力的有效提升。最后，针对不同时期不同群体的迫切需求，突出对老年人、妇女儿童、困难人群和残障人士等不同群体及服务领域开展有针对性的工作。[③]

（3）标准化——制定设置科学的服务标准规范

标准化是推动基本公共服务均等化的重要保障，科学制定基本公共服务标准和规范是推进基本公共服务均等化的重要抓手。为促进区域间、城乡间的基本公共服务均等化，针对均等化差距较大的农村养老金标准、基础教育生均经费标准、城乡教育文化体育设施标准、教师工资标准、转移支付资金绩效评估标准等，合理确定相关的标准和规范要求，为基本公共服务均等化提供科学依据。公共服务事项清单制和流程化能够有效避免政府职能部门间在业务系统功能上的重复，确保一个完整事项服务周期的所

① 李军鹏：《新时期推进基本公共服务均等化的思路与对策》，《新视野》2019年第6期。

② 丁元竹：《实现基本公共服务均等化的实践和理论创新》，《人民论坛》2022年第5期。

③ 李实、杨一心：《面向共同富裕的基本公共服务均等化：行动逻辑与路径选择》，《中国工业经济》2022年第2期。

有环节和流程在各部门各系统间的顺畅流转，实现政务服务信息资源共享和业务协同。这就要求构建以国家基本公共服务标准为统领，以国家基本公共卫生服务规范、国家基本公共文化服务指导标准、国家医疗保障待遇清单、全民健身基本公共服务标准等为骨干，包含一系列行业标准在内的基本公共服务标准体系。

（4）多渠道——组合提供便捷的服务获取途径

创新基本公共服务供给方式，鼓励支持社会力量兴办公益事业，满足人民多层次多样化需求成为治理现代化的基本要诀。[①] 运用多主体协同治理的政策工具来满足社会公众多样化的基本公共服务需求，运用互联网络和移动政务服务、数字服务拓展基本公共服务获取方式和途径，更好地发挥政府、社会、市场、公民等多元主体协作性公共治理的作用。

2. 价值意蕴

共同富裕与基本公共服务均等化是经济发展到一定时期对基本公共服务供给能力和水平作出的特别界定，其发展理念、政策目标、覆盖范围和服务体系既一脉相承，又各有侧重，属于同频共振的历史进程。在目标上，共同富裕与基本公共服务都追求实现社会的公平正义和福祉共享，都是我国政府职能和社会政策的重要组成部分。基本公共服务均等化强调物质和生存层面的公平正义，而共同富裕涵盖物质、精神和生活层面的美好愿景。

推进基本公共服务均等化和非基本公共服务普惠化一体化是实现共同富裕的社会化保障基础。均等化补齐基本生活服务的各项短板和缺项，重点是解决基本公共服务没有得到有效保障的群体的刚性需求，完善以"七有两保障"为主要准则的基本公共服务均等化制度保障体系。比如，农村居民养老金低于维生标准、城乡居民医疗保障差异等。推进城乡间、区域间的教育、医疗、就业、收入、社保、养老、居住和环境等公共事业和公共服务的均衡发展，推进人民群众全方位、全要素的生活福祉改善。实现

---

① 《中共中央关于坚持和完善中国特色社会主义制度　推进国家治理体系和治理能力现代化若干重大问题的决定》，《人民日报》2019年11月6日。

均等化、一体化目标要求各级政府充分发挥财政政策工具，运用好财政转移支付手段，不断缩小区域间、群体间的差距，实现更广泛的民生关照，进一步提升全体民众在共同物质富裕基础上的生活幸福感。[①]

3. 服务要旨

（1）普惠化个性化相协调。基本公共服务和普惠性非基本公共服务的数字化供给需要汇聚各供给主体和数字资源，建立完善的沟通关联、服务引导、价值共创、协作支持等机制保障，以普惠化、个性化协同发展促进区域间、群体间常态化沟通交流和协同创新。实现基本公共服务均等化与基本公共服务体系现代化，区域之间、城乡之间、群体之间大体实现基本公共服务的结果均等、机会均等、过程均等与需求均等。[②]

（2）线上线下一体化协同。构建一体化公共服务平台，按照"人民至上、需求导向、整体智治、数字服务"的服务型政府理念，推进基本公共服务和普惠性非基本公共服务实现"智能导服、收办分离、线上线下融合"。通过"业务标准化、数据实时化、系统组件化、体验一致化、管理数字化"五大关键方法，实现无差别受理、同标准办理、全过程监控、"好差评"闭环，高质量推进政务服务"一网通办"，引领政务服务由"可办"转向"好办易办"。培养快速适应业务需求变化能力，加强业务需求统筹与科学论证，建设信息报送、督查督办等共性业务支撑系统，以标准化、模块化的微服务、数字服务模式响应社会公众服务需要。

（3）政务服务数据开放共享。数智化公共服务应用场景更加关注政府信息公开和数据开放，在信息化发展和数字化变革背景下的基本公共服务供给与获取，对公共信息和数据积累、分析、可视化和快速业务部署能力提出了新的更高要求。构建统一的基本公共服务信息资源平台，全面及时准确发布政务服务信息资源数据。整合电子政务内网和政府公共服务外网数据共享与交换平台，为全周期、全流程的数字服务提供有序高效的访问

---

① 康健：《基本公共服务均等化与共同富裕的关系耦合、功能定位和作用机制》，《上海行政学院学报》2022年第2期。

② 李军鹏：《新时期推进基本公共服务均等化的思路与对策》，《新视野》2019年第6期。

渠道。建立基本公共服务大数据综合分析应用平台，支撑科学决策精准施策；以门户网站、移动客户端、政务服务中心等为载体，全面提升电子政务公共服务的可视化、数字化展示水平。

（4）体现社会政策兜底效用。从我国国家公共管理制度机制特征上看，充分发挥社会保障和社会政策兜底职能是实现基本公共服务均等化的制度性约束。比如，在扩大就业覆盖范围上，可以通过开展职业教育、技术培训帮助困难人群获得劳动技能和就业机会；在扩大社会保险和社会保障人群参保范围上，可以通过大病医保、基层医疗与养老机构建设、妇幼残障人士等弱势群体卫生健康保护等项目，减少家庭支出，抵御失业、重大疾病风险，夯实共同富裕的群体基础。[1]

三、面向共同富裕的现代化公共服务场景

党的十九届五中全会把"全体人民共同富裕取得更为明显的实质性进展"作为2035年国民经济和社会发展远景目标之一，并将"基本公共服务实现均等化"作为远景目标的重要内容。中央财经委员会第十次会议也把促进基本公共服务均等化作为扎实推动共同富裕的重要任务。在共同富裕的背景下基本公共服务被赋予了新的、更加重要的使命，对于促进全体人民共同富裕具有兜底和赋能的双重作用，基本公共服务均等化是实现共同富裕的坚实基础和关键环节。

1. 重要特征

（1）中等收入群体显著增长。共同富裕的目标追求是持续扩大中等收入群体规模，提升在社会各阶层的比重，实现广大人民群众物质文化、精神生活全方位富裕美好。基于这样的目标，基本公共服务均等化、普惠性公共服务在促进共同富裕过程中，在推动中等收入群体持续增长、减少中

---

[1] 康健：《基本公共服务均等化与共同富裕的关系耦合、功能定位和作用机制》，《上海行政学院学报》2022年第2期。

等收入群体流失、缩小社会阶层收入差距、促进人民群众精神富裕、强化共同富裕过程监测等方面不断深化改革。[①]

（2）高质量公共服务供给。作为实现共同富裕的公共服务机制的重要组成，高质量公共服务供给是促进基本公共服务均等化，扩大普惠性人力资本投入的重要渠道。这就要求既要充分发挥公共服务的收入分配调节功能，也要完全释放其经济增长功能，进一步完善初次分配、再分配、三次分配基础性制度机制，充分利用大数据、人工智能技术和手段加大税收、社保、转移支付等调节力度并提高精准性，既把"蛋糕做大"又把"蛋糕分好"。高质量公共服务要求发挥公共服务的分配调节机制，让"分好蛋糕"成为可能。首先，通过基本公共服务均等化提升社会公众参与初次分配的机会和能力。中央财经委员会第十次会议所强调的"要促进基本公共服务均等化，加大普惠性人力资本投入"，就是对提升社会公众参与初次分配能力的要求。其次，是发挥公共财政转移支付调节再分配。推进基本公共服务均等化作为调节城乡地区间差距的重要机制，是实现城乡一体化、区域协调发展的重要途径。改革公共财政支出城市偏好，不断弥合城乡之间的公共服务差距。

（3）自信自立的精神富裕。除了确保基本公共服务均等化，高质量的公共服务供给还要在推动社会公众精神生活富裕方面发挥作用。通过提供高质量的公共文化体育服务项目，降低社会公众享有文化和体育服务的成本；以高质量的公共服务保障提升社会整体福祉水平，大力弘扬社会救助的"扶危济困"传统，倡导社会保险"公平共享"理念，鼓励残疾人服务"平等参与共享"等，不断扩展物质富裕范畴，丰富传统文化中的民生观和精神富裕的内涵。[②]

（4）全生命周期服务贯通。共同富裕的公共服务需求呈现全周期、多

---

① 康健：《基本公共服务均等化与共同富裕的关系耦合、功能定位和作用机制》，《上海行政学院学报》2022年第2期。

② 李实、杨一心：《面向共同富裕的基本公共服务均等化：行动逻辑与路径选择》，《中国工业经济》2022年第2期。

层次的全景化特征，鉴于实现共同富裕是长周期渐进发展过程，充分运用公共服务激励相容和制度匹配机制完善共同富裕政策体系设计。比如，在医疗健康服务领域，围绕公众的生命全周期、健康全过程设计制定服务保障流程、确定关键节点，完善服务项目。通过改革基本医疗卫生、分级诊疗、现代医院管理、全民医保、药品供应保障、综合监管等基本医疗卫生制度和救助制度、全民健身行动计划和多元化养老服务等制度保障体系，实现对基本公共服务和普惠性公共服务的"全景化"保障。

2. 价值意蕴

（1）渐进共享的价值追求。共同富裕是基本公共服务均等化的价值目标，基本公共服务均等化是共同富裕的实现基础。共同富裕作为基本公共服务和普惠性公共服务发展方向，是对社会经济发展全方位的展望，是中国式现代化实践和国家治理体系的基本政策。基本公共服务均等化、普惠性公共服务供给基于社会政策和民生保障的协同治理，强调民生福祉的公共价值。推行"渐进共享"共同富裕实践路径体现了更加务实稳妥的增量改革要求，基本公共服务均等化要与经济社会发展水平相匹配，让改革发展成果更多更公平地惠及全体人民，朝着共同富裕方向稳步前进。[①]

（2）期望满足的需求实现。基本公共服务均等化在走向共同富裕公共服务供给过程中，不断满足社会公众的现实需求和潜在需求，这两大需求为基本公共服务均等化提供巨大的动力，引导基本公共服务向满足社会公众需求的方向发展。在向往和追求美好生活的新时代，人民满意是高质量的公共服务应有之义。[②]为公众提供高品质的基本公共服务就是尽可能多地满足各方面各层次的预期，实现公共服务从"有服务"向"优服务"转变，提供更加高效、便捷、智慧的数字服务、移动服务。

（3）社会进步的目标指引。公共服务具有的经济增长、收入分配和美好生活效应是实现共同富裕的重要机制，在高质量发展中促进共同富裕要

---

① 任理轩：《坚持共享发展》，《人民日报》2015年12月24日。

② 姜晓萍、郭宁：《我国基本公共服务均等化的政策目标与演化规律——基于党的十八大以来中央政策的文本分析》，《公共管理与政策评论》2020年第6期。

有高质量公共服务供给相匹配。基本公共服务在实现均等化、普惠化，走向共同富裕的过程中，一方面通过提升公众整体生活水平、收入水平从而促进社会消费，另一方面通过不断扩大公共财政支出，提供高质量的教育、医疗、养老等公共服务，降低或减轻公众的基本公共服务负担，形成所谓的"挤入效应"，从而促进消费。[①]

3. 服务要旨

（1）公共服务治理理念模式转型。在实现基本公共服务均等化、普惠化的基础上，数字技术赋能基本公共服务发展基线将动态实现从"生存"保障向"生活"服务的社会化转型，基本公共服务的职能定位从"兜底"到"品质"的转变。与经济发展水平相适应的基本公共服务均等化是保障全体人民生存和发展的基本需要，全面建成小康社会从整体上改善人民生活，生活水平的提高将进一步拓展人民需求，满足人民对美好生活的需求将成为基本公共服务的下一个目标。[②]

（2）公共服务供给侧结构性改革。公共服务供给侧结构性改革是确保基本公共服务均等化和推进共同富裕的发展基石，在高质量发展中促进共同富裕更加需要不断完善公共服务以提升人力资源总量和水平。要有高质量公共服务供给与之匹配，这需要推进公共服务供给侧结构性改革，从增长导向的基础设施类等公共服务逐步转向提升人力素质的教育、医疗、文化等公共服务，实现公共服务供给与社会公众需求有效匹配。充分发挥数字技术和大数据分析，精准获取公共服务需求，进而实现公共服务治理结构从碎片化管理向精准化治理转变，提升公共服务整体供给效率。

（3）公共服务财政支出结构转型。面向共同富裕的财政制度要求按照权责清晰、财力协调、区域均衡的原则，加快公共服务财政支出体系的结构性调整，在推进基本公共服务均等化实践中，科学精准设置不同区域人

---

① 胡志平、盛耀天：《公共服务高质量供给促进农民农村共同富裕》，《中国社会科学报》2022年9月7日。

② 姜晓萍、郭宁：《我国基本公共服务均等化的政策目标与演化规律——基于党的十八大以来中央政策的文本分析》，《公共管理与政策评论》2020年第6期。

均财政需求和公共服务标准，与之匹配相适应的财政转移支付体系，加快欠发达地区的税收返还、一般性转移支付、专项转移支付，促进区域性公共财力均衡。同时，持续扩大财政支出向基础教育、基本医疗卫生、城乡居民养老与社会保障等倾斜和投入比重。[①] 此外，构建稳定的中央与地方的财权和财力关系，进一步规范基本公共服务领域财政事权的支出责任分担方式，实行中央与地方按比例分担。

四、适应高质量生活服务需求的数字服务

随着基本公共服务均等化和普惠性非基本公共服务的持续完善，迈向共同富裕的公共服务供给与需求间产生的个性化、定制化、消费型高品质社会服务将产生新的服务空间——生活服务。根据《"十四五"公共服务规划》"为满足公民多样化、个性化、高品质服务需求，一些完全由市场供给、居民付费享有的生活服务，可以作为公共服务体系的有益补充"。高质量的生活服务以居家和社区生活服务为主要空间。可以预见，未来在生活服务领域最为活跃的将会是网络空间的线上生活服务和数字技术赋能的高品质线下生活服务。在居家和社区生活服务范围和活动场景中，社区生活综合服务中心成为重要载体，丰富居民日常餐饮、养老、健身、购物和娱乐、康养、个性化生活消费需求，尤其是定制化家政服务和高品质养老服务。数字化生活服务新业态新模式将成为推进社会生活服务和美的重要渠道。

1. 重要特征

（1）高品质的生活服务。社会生活服务建立在完备的物质生活和丰富的精神生活保障体系之上。在经济发展动力层面，实现全体人民共同富裕背景下的高质量就业创业，为社会财富的积累提供充沛的人力资源支撑。

---

① 李军鹏：《新时期推进基本公共服务均等化的思路与对策》，《新视野》2019年第6期。

通过高质量创业就业让生活富裕富足、精神自信自强、环境宜居宜业、社会和谐和睦。

（2）多元化智慧社区服务。针对生活服务的主要载体，信息时代社区的概念空间进一步拓展，在传统上家庭作为社会生活的基本单位和日常经济社会空间最主要、最普遍的社会组织。[①] 家庭的汇聚、社区的交融延伸至互联网络空间，包括公共云服务、数字服务等基本公共服务数字化成为日益重要的方式和渠道，真正让电子公共服务惠及更多更广泛的社会群体。

（3）全景式生活场景服务。大力发展线上线下一体化、在线在场相结合的数字化服务体验，创设沉浸式和交互式的公共服务场景。数字技术从内容建设、提供方式、传播途径、获取渠道和沟通机制等方面丰富了社会公众的服务体验，使数字生活服务日益融入人民群众日常生活并成为一种新业态，越来越多地呈现线上线下一体化、在线在场协同化的特征。构建生活服务数字化基础设施和服务平台，形成线上线下融合互动、立体覆盖的数字服务供给系统，统筹利用数字化工程和数据库所形成的成果，让"全景呈现、全面共享"数字化公共服务资源成为可能。借鉴O2O（即Online to Offline，线上与线下融合）的理念和模式，将旅游出行、餐饮、美容和酒店等生活服务拓展至互联网平台，丰富社会公众的消费内容和消费渠道，降低时间和开支成本，提升了生活服务体验。[②]

2. 价值意蕴

在实现共同富裕与国家治理现代化的道路上，公共服务和生活服务更加聚焦人本化、数字化和社会化的价值维度。依托以社区为主要场所形成未来邻里、教育、康养、文体、创业、绿色、生态、服务和治理等场景创新为重点的集成系统。运用大数据、云计算和人工智能技术对劳动收入和社会财富初次分配、再分配、三次分配精准分析和精准施策，以及相关的协调配套的基础性制度安排，追求形态现代化、发展高质量和生活高品质。

---

① 参见滕尼斯《共同体与社会》，林荣远译，商务印书馆1999年版。

② 何军红、李仲香：《生活服务O2O带动消费模式升级的路径探讨》，《商业经济研究》2018年第16期。

数字时代，高品质的生活服务还有一个重要的资源——数据要素资源。数据成为继土地、劳动力、资本、技术之后的第五大关键生产要素，数据和信息资源被赋予更为深刻的价值意蕴。社会公众对基于数据和信息的生活服务需求，是高品质生活服务的重要组成内容，尤其是在互联网络生活新业态新模式环境下，数字化产业、产品和服务对基本公共服务供给的范围和形式提出全新的要求。不仅要发挥市场的资源配置决定性作用，更要发挥政府对新兴数字服务和数字业态的指导、引领作用。支持互联网企业和传统服务行业利用网络逆向整合各类生产要素资源，以需求为中心突出公共产品和公共服务的个性化、定制化。以公共服务数字化转型为突破口，打造移动民生服务平台和政务服务一体化平台，驱动基本公共服务供给提质增效，持续优化"互联网＋政务服务"与营商环境。"着力培育协同经济新模式，通过互联网渠道建立起企业之间的直接互动联系，围绕产业链、供应链、服务链，建立上下游企业、创业者之间的垂直纵深与横向一体化业务协作体系和互利共赢关系。开展产品创新、品牌创新、组织创新、管理创新和服务模式创新。"[①]

在高品质的生活服务场景下，鉴于社会公众物质生活、精神生活得到充分保障，基于数字平台和数字服务的价值共创理念为公共治理现代化和高质量社会生活注入新动能，带来新体验、促进新业态。尤其是在数字平台、智慧服务和协同共治支持下，多元参与主体促进公共服务价值共创，多渠道社区化公共服务供给使个性化、定制化服务成为主流模式，这种实现公共服务附加值增值的形式有助于改善公共服务的供给与需求精准匹配，持续巩固基本公共服务均等化和共同富裕的历史性成就。[②]

3. 服务要旨

经济社会发展现代化意味着更加丰富多样的美好生活和社会秩序，高

---

① 姜晓萍、郭宁：《我国基本公共服务均等化的政策目标与演化规律——基于党的十八大以来中央政策的文本分析》，《公共管理与政策评论》2020年第6期。

② 张毅、贺欣萌：《数字赋能可以纾解公共服务均等化差距吗？——资源视角的社区公共服务价值共创案例》，《中国行政管理》2021年第11期。

品质的生活服务要在挖掘人民美好生活需要的内涵，实现人的全面发展方面体现其优越性和完备性。在追求全面发展、实现自我价值目标中，发挥公众作为个体对社区、群体和社会的公共服务能动作用，是高品质生活服务的另一个重要特征，如同企业履行社会责任时更加强调其公共性、公益性一样，公众主动参与公共服务供给是高品质生活服务的又一个重要内涵，它反映出追求美好生活的更高层次的要求。

高品质生活服务的实践途径上，借助网络技术、数字技术和智能技术与平台，推行公共服务提供与获取的模式创新、方法创新和内容更新。线下公共服务机构要打破信息壁垒，通过线上沟通畅通消费渠道，加强与社会公众之间的有效互动。针对未来社区居民生活特征，利用社区传播在空间层面与文化认同层面的优势，构建智慧化社区生活服务平台。[①] 从法律制度、政策支持和公共治理等层面进一步规范数字服务、配送服务及服务上门、场景体验等新兴业态。以社会公众需求为中心创建整体性服务流程和服务组织，并以"服务共创"增强数字服务与应用的亲和力和便捷度。在公共服务社区智慧化供给体系中，增强对高频公共服务事项、价值共创和价值增值类服务的改革支持力度。整合民生服务、政务服务、公共服务等多主体多元化生活服务综合体，实现整体性公共服务的合作供给与价值共创网络协同演化，[②] 寻求"互联网＋社区"数字服务创新模式，实现对集中提供数据资源、云平台在线办理的整体解决方案。比如，针对未来社区服务、生活服务的两个特殊群体——"一老一小"，要求在养老服务、义务教育托管服务、婴幼儿照料服务等领域提供丰富多元的方式，增强居家服务、社区服务和日间服务的可选择性、灵活性，充分发挥现代化市场机制和普惠化服务体系的作用。

另外，要顺应"互联网＋""数字化场景""智能＋"等应用创新创造，鼓励众创、众包、众扶、众筹生活服务和智慧生活新模式。比如，在社区

---

① 郭慧：《主流媒体社区生活服务平台的构建》，《编辑之友》2017年第5期。

② 张毅、贺欣萌：《数字赋能可以纾解公共服务均等化差距吗？——资源视角的社区公共服务价值共创案例》，《中国行政管理》2021年第11期。

养老、居家养老服务中，构建便捷实用的社区居民在线化生活服务平台，全面承载基本公共服务、普惠性公共服务和定制化生活服务，构建一个有黏性的社区生活服务平台。

结 束 语

习近平总书记指出："数字技术正以新理念、新业态、新模式全面融入人类经济、政治、文化、社会、生态文明建设各领域和全过程，给人类生产生活带来广泛而深刻的影响。"[①] 数字化转型引领经济社会变革和人们工作生活革新，催生了以数据关键要素为核心的新质生产力，引领未来发展的新动能、新业态和新空间。在全面建设社会主义现代化国家新征程上，敏锐抓住信息化发展历史机遇，充分运用云计算、大数据、物联网、人工智能等信息技术融入公共服务供给、公共管理实践，加快建设数字政府，推进政府治理和公共服务数字化转型，提高公共服务供给效率和质量，拓展公共服务供给便利性和可及性，是实现政府职能转变和行政管理改革持续深化的重要范畴。

推进公共服务体系现代化就是要在解决基本公共服务均衡性、可及性，维系社会公平正义基础上，实现公共服务多层级、多主体、多样化提供，全面满足人民群众多元化、场景化、个性化的公共服务需求。在建设现代化公共服务体系过程中，如何科学、精准、高效发挥有效市场和有为政府作用，充分释放市场机制、数字要素和社会机制动能，形成良序善治的公共管理格局，将是公共服务理论与实践研究的重大课题。下一步的深化研究可以从以下四个方面着力，推进基本公共服务、非基本公共服务和生活服务协同发展，构建高水平的公共服务体系，实现高质量的公共服务现代化目标。

---

① 《习近平向2021年世界互联网大会乌镇峰会致贺信》，《人民日报》2021年9月27日。

一、坚持以人民为中心理念，实现公共服务均衡化可及

共同富裕是人民幸福的最大公约数，也是体现人民群众对美好生活向往的具体标准。新时代加强和改进政府治理和公共服务体系就要不断在平衡性、协调性和包容性发展中加强和改善民生，不断提升城乡居民的社会保障与公共服务水平，促进人民物质生活和精神生活、社会生活的高质量发展。基本公共服务均等化建设与实践经历了30余年的发展，成为改革开放以来，尤其是进入新时代践行"以人民为中心"发展理念，保障民生发展权利、造就民生福祉、推进共同富裕，走向中国式现代化的必然途径。数字技术赋能基本公共服务均衡发展，促成多元协同共治，激发创新服务模式，实现政府治理和社会调节、居民自治良性互动。[①] 在实现基本公共服务的均衡性和可及性过程中，包括区域间协作、对口支援、转移支付和集中攻坚等，这些策略更多的是基于事务驱动的工作层面。扎实推进以中国式现代化为本质特征和发展要求的共同富裕，深入推进国家治理体系和治理能力现代化，都要求构建更加完备的现代化公共服务体系，以增强基本公共服务均衡性和可及性，如何将这些独具中国特色社会主义的公共服务实践提炼升华成为理论体系，尤其是适应互联网规律和信息化发展要求的数字服务、电子公共服务等的实践总结，对深化公共管理理论范畴、实践空间具有十分重大的价值。

二、创新数字服务场景应用，赋能公共治理现代化发展

公共服务数字化转型为公共治理现代化提供了时代性的创新场景和实

---

① Torfing J, Peters B G, Pierre J, et al. *Interactive Governance: Advancing the Paradigm*（New York: Oxford University Press, 2012）, p. 5.

践途径，变革过去基于"科层任务驱动""问题求解驱动"的服务启动响应机制，转向更具交互性和灵活性的"感知可用、感知易用"服务场景，"使之可见和使之被认知"变得容易被接受。数字时代的治理理念、原则和方法对经典管理学理论中的时间、成本和质量"三要素"赋予了新的内涵空间。从时间维度看，数字技术赋能在公共服务供给方式和获取上突破了政府、社会和公众之间的线性关系，体现在随时随地、无时无刻实现可连接的访问与交互。从成本维度看，网络化、在线化的服务节约供需双方的开支成本，同时对成本的核算和监管更加精准。从质量维度看，大数据、人工智能技术的应用为公共服务的全生命周期治理和全过程监督提供有效支撑。而数字化公共服务实践中有关数据、算法和算力的运用将极大提升时间、成本和质量的整体效率。数字赋能基本公共服务体系现代化将从供给主体、动因、内容、方式和绩效等方面驱动公共服务运行机制、供给模式、获取方式的优化，还包括数据和数字技术驱动的公共治理结构、功能、流程、制度、政策、模式、工具以及方式方法等层面的改革创新。

三、倡导协同生产价值共创，扩大公共服务社会化参与

基本公共服务均等化作为推进国家治理体系和治理能力现代化的基础性民生工程，实现基本公共服务均等化从"人人享有"到"人人满意"的价值转变，让发展成果惠及所有人，让公共服务普惠所有人。彰显中国式现代化的深刻内涵和优越品质。探讨其背后蕴含的由满足人民对物质文化的需求向满足人民对美好生活的向往转型的价值逻辑和演进逻辑。[①] 深入研究如何将"不断保障和改善民生、增进人民福祉，走共同富裕道路"的显著优势转化为治理质效。这也是公共价值共创的要义。在坚持党对各项事业全面领导的基础上，如何转变政府职能，改革公共服务制度体系、运行

---

① 姜晓萍、郭宁：《我国基本公共服务均等化的政策目标与演化规律——基于党的十八大以来中央政策的文本分析》，《公共管理与政策评论》2020年第6期。

机制、社会参与、公共监督，压实基层政府公共服务责任，是实现基本公共服务体系现代化关键之所在。这就要求构建社会化的基本公共服务治理机制，统筹有效市场和有为政府作用，进一步扩大公共服务多元主体参与和社会参与，形成政府、社会与公众协同、"共建共治共享"的公共服务发展格局，实现基本公共服务由政府"统包统揽"向社会化多样化转型，将是基本公共服务体系现代化发展的重要趋势。

四、改革政府治理制度机制，促进公共管理数字化转型

实现中国式现代化与公共服务优质均衡协同演进是新时代公共治理面临的现实课题，在现代化背景下，公共服务作为人类生存和发展的客观需要，其价值从推进可持续的生态性因素转向实现再生产的内生因素，公共治理及其公共资源投入将从满足一般公共消费转向促进再生产的新兴驱动力。[1] 进一步深化对数字技术赋能公共服务供给质效均衡发展的数据、算法和算力作用的研究。推动基本公共服务体系信息化、数字化和现代化建设，提高数字政府的公共治理与公共服务的覆盖面。通过信息化、数字化将进一步优化基本公共服务的供给结构，切实发挥数字技术对政府履行政府职能赋能作用，有效消减发展不平衡不充分的基本矛盾和市场环境下的民生矛盾，促进社会长期稳定。[2] 积极探索实现基本公共服务均衡性和可及性日益增强所需财力、物力和人力调配保障机制，尤其是数字政府在区域协调、城乡统筹和人口兼顾等方面的具体政策机制和管理体系。未来，公共服务的供与需关系均衡越来越多地依赖于数字技术的赋能，如基于数字服务、移动服务的线上服务模式日益成为基本公共服务提供的首选项，大数据和

---

① 孔繁斌：《现代化与公共服务协同演进：一个公共管理学的研究议题》，《中国行政管理》2023年第10期。

② 黄金辉、丁忠庚、丁忠毅：《促进社会长期稳定的新思路——论优化基本公共服务供给》，《理论视野》2011年第4期。

人工智能在政府治理中的运用，改善公共服务可及性的程度等。因此，应在坚持顶层设计的同时加强基层探索，以技术创新和制度创新数字赋能政府职能转变。推动政府治理与数字化深度融合，加快推进公共数据的产权、定价、流通、分配等制度问题研究，探索和制定出台有关数据要素及其关联资源的市场配置、产业布局和开发利用的基础制度。因地制宜推进公共服务资源协调发展，扩大优质普惠性数字服务资源并推动公共服务供给模式和渠道多样化发展，满足人民群众日益增长的基本公共服务、普惠性非基本公共服务和生活服务需求。

总之，从发展具有中国特色社会主义的公共管理学视角看，应始终立足新发展阶段，坚持新发展理念，构建新发展格局，不断把推进公共服务数字化转型作为实现现代化的基本抓手，聚焦和回应我国经济社会发展的新使命、新情况、新问题。始终坚持以人民为中心的服务导向、结果导向和问题导向的有机结合，坚持持续不断保障和改善民生、发展民生和回应民生关切，利用数字技术加快政府职能转变，推动政府治理转型，能够更好地满足公众对政务服务越来越高的需求。以数字化转型赋能高质量发展和高水平安全，以数字化服务连通基本公共服务、普惠性非基本公共服务和生活服务体系，促进国家长治久安和社会和谐稳定。

后 记

本书获中共云南省委党校（云南行政学院）学术著作资助出版。相关研究得到了中共中央党校（国家行政学院）委托课题、中共云南省委党校（云南行政学院）科研课题及云南省中青年学术和技术带头人后备人才项目支持。

国家电子政务专家委员会副主任、中央党校（国家行政学院）机关党委常务副书记王益民研究员对研究工作给予了关注和指导。中央党校（国家行政学院）信息技术部网络安全监管处丁艺处长、国家治理教研部数字治理教研室刘密霞主任，北京市社会科学院管理学研究所王鹏研究员，扬州大学法学院陈吉利副教授，云南大学软件学院张德海教授，云南民族大学政治与公共管理学院刘文光教授，昆明学院信息工程学院何俊教授，中共江苏省委党校（江苏行政学院）公共管理教研部陈建科副教授和中共云南省委党校（云南行政学院）杨庆东教授、朱秦教授等对本书相关研究报告、调研成果提出了许多宝贵意见，使全书的研究框架和学术视野更趋完善。

感谢我的工作单位长期以来的支持，校（院）学术委员会各位专家认真审读了书稿并严把质量关。感谢杨季常务副校（院）长，张志军、黄颖、祁苑玲副校（院）长的关心和指导，感谢科研处白亚鹏处长、马丽辉副处长为书稿出版付出的努力。

中共云南省委党校（云南行政学院）李燕英研究馆员、周彬高级工程师、黄亮工程师、岳正江工程师、杨兴志工程师、张文雁工程师、任飞翔讲师、吴俊策讲师、杨洋讲师、张留飞讲师、任成斗讲师和杨绍垚硕士等参与相关课题研究工作。

特别感谢国家行政学院出版社编辑为书稿的出版倾注了大量精力，付出了辛勤汗水。

限于作者的学识水平和研究视野，书中难免存有纰漏和不妥之处，诚请各位专家、学者批评指正。

朱锐勋

2025年3月于昆明西山